白水iクラシックス

コント・コレクション

ソシオロジーの起源へ

オーギュスト・コント

杉本隆司 訳

白水社

コント・コレクション　ソシオロジーの起源へ

Auguste Comte

Appendice général du Système de Politique Positive, contenant tous les opuscules primitifs de l'auteur sur la philosophie sociale

目次

組版＝鈴木さゆみ

凡例

一、底本に用いたテキストは、一八五四年の『実証政治学体系』第四巻（*Système de Politique Positive, ou Traité de Sociologie*, t.IV, Paris, 1854）の末尾に合本された *Appendice général du Système de Politique Positive, contenant tous les opuscules primitifs de l'auteur sur la philosophie sociale*, Paris, 1854. を使用した。

一、各論文の原題、参照既訳は次の通り。「全体の序文」« Préface spéciale », in *Appendice*., pp.i-iv. ／「意見と願望の一般的区別」« Séparation générale entre les opinions et les désirs », in *ibid.*, pp.1-3.（村井久二訳「見解と欲求の全般的分離」『中央大学文学部紀要』一九九七年九月、一六九号、一三一－一三七頁）／「一般近代史概論」« Sommaire appréciation de l'ensemble du passé moderne », in *ibid.*, pp.4-46. この論文は初出がサン゠シモン『組織者』（第二分冊、第八－九書簡）のため、既訳がある（森博訳『サン゠シモン著作集』恒星社厚生閣、一九八七年、第三巻、三〇四－三五九頁）／「社会再組織のための科学的研究プラン」« Plan des travaux scientifiques nécessaires pour réorganiser la société », in *ibid.*, pp.47-136.（霧生和夫訳「社会再組織に必要な科学的作業のプラン」『世界の名著　コント・スペンサー』中央公論社、一九八〇年、四七－一三九頁）。

一、本文中の（ ）はコント自身の、〔 〕は訳者の挿入をそれぞれ表す。

一、原文がイタリックの場合、著作の場合を除き、原則として圏点を振った。

一、原注はアステリスク（*）で示し、各段落の末尾に掲げた。訳注は（1）（2）……の要領で示し、巻末に一括して掲げた。

一、各論文の出版の背景とコントの思想的沿革については、紙幅の都合から「訳者解説」として続刊に回したことをご了承願いたい。

オーギュスト・コント（1798–1857）

コント・コレクション続刊

科学＝宗教という地平＊目次

全体の序文（一八五四年）

先ほど書き上げた本論〔『実証政治学体系』全四巻〕の冒頭、つまり一八五一年に書いた〔第一巻の〕序文で述べたように、社会哲学に関する私の初期の作品をすべてこの最終巻〔第四巻〕の末尾に再録することにした[1]。これらの論考は長いこと忘れられてきた文書群に埋もれていたものだが、それらが世間に広まることによって、私と同じ道を一歩ずつ辿る心構えのある人であれば、本論集から実証主義者としての手ほどきを容易に受けることができるだろう。だがここでの目的はとりわけ、私の青年時代を特徴づけている〔思索的〕努力が晩年の円熟期の仕事と完全に調和している点をはっきりさせることにある。

どんな包括的な判断も許さない今日の分析的な習慣によって、この完全な思想的一貫性は、私の準備作業の全体が想定を超えて広がってしまったせいでしばしば見えづらくなってしまった。哲学的な土台と宗教的な建築との間にある必然的な関係がそのせいでまったく理解されないことになれば、私の人生のこの二つの部分〔前期の哲学的傾向と後期の宗教的傾向〕はまったく異なった方針から生まれているように見えるかもしれない。したがってここでは、晩年の人生は青年時代にすでに準備されていた方針をどこまでも実現したにすぎないのだという点をおわかりいただくのがよろしいであろう。こうした確信は、今日私の創始した新たな精神的権力〔人類教〕の確立が青年時代からすでに意図されていたことが本論集によって証明されるなら、おのずと読者にも共有されるはずである。自分の初期の論文を全体的に眺めて改めて感じるのは、やはりこうした社会運動〔宗教的実践〕にはまず知的な研究が不可欠であり、これがなければ西欧の革命運動の終結を目指した教義をしっかり確立することなど不可能だということである。したがって私は、普遍宗教の唯一可能な土台である真の実証哲学を科学的成果に基づいて構築することに人生の前半期を充てたのだった。しかしこの理論的土台は十分に固められたので、私は残りの人生のすべてを、すぐにでも取りかかれるとまず判断した社会的使命に捧げようと決意したのである。

ただ、こうした壮大なプランの構想におのずと伴う困難に加えて、『実証政治学体系』と『実証哲学体系』(2)との間の密接な関係が、ある特異な状況のためにしばしば誤解されることになった。つまり、西欧の革命運動の終結が広く希求されているにもかかわらず、わが国の無政府的状況に特有の反抗的精神がとりわけ文人たちの間になおも活発な共感を呼び起こしているためである。われわれの戒律は常に証明可能な点で不変的であり、公私を問わずそれを人々の行動にあまねく適用させるべきだと説く実証聖職団〔人類教教会〕の出現に多くの著名人たちは衝撃を受けた。私の宗教的構想に対するこのような嫌悪感のせいで、いかなる道徳的論争とも無縁であることをその精神的特徴とする〔初期の〕哲学的土台とその宗教的構想が矛盾しているとみなされてしまったのである。だが本論集は、実証主義が初期の草案ですでに宣言していた社会的使命に乗り出していくことを今日拒否している実証主義の知的信奉者たち〔E・リトレなど離反者のこと〕の論理矛盾を証明するであろう。彼らが私の草案をすべて理解できないとしても、あるいは宗教的な空位期間に終止符が打たれることを嘆くとしても、〔哲学と政治学の〕

新たな統合を思想的に受け入れるのであれば、この統合をもっと完璧かつ整理して、決定的なものにすることが彼らの義務となるはずである。私の政治学は、自分の哲学と対立するどころかむしろその自然な帰結なのであって、この論集が証明するように、わが哲学はまさにわが政治学の基礎となるために創始されたのである。

このような目的に従い、本論集は私の全般的な歩みを段階的に特色づけている論文だけを収めることにし、私のデビュー当時の有害な関係〔サン＝シモンとの関係のこと〕が自分に及ぼした若書きの文書は除外した。ただ、独り立ちしていないそれら作品のなかにあって、実証宗教へと向かう私の一貫した歩みを示す二つの重要な指摘だけはここで紹介しておきたい。最初のものは一八一七年のあるつまらない刊行物〔『産業』第三巻〕で行った、「すべては相対的である。これこそ唯一の絶対的原理である」(3)という宣言である。次に第二の指摘は第一のものよりもあまり目立たないがさらに議論の広がりを持ったものである。すなわち、出版の自由とは市民のすべてが発言権を与えられることだと論じた一八一八年の特殊な意見書(4)で行った考察がそれである。この論集に収めた六論文よりも前に私が活字にした文章のうちここで唯一言及に値すると思われたのがこの二つの指摘である。それゆえ私はその他の刊行物の再版は以前からすべて認めておらず、しかも手元にある未発表原稿はすでに廃棄してある。

一八一九年七月に書かれた第一論文は、フランス・ジャーナリズムのなかで後世の人々から高い評価を得ることになるユニークな定期刊行誌〔『批評者』〕のために書かれたものだが、この論文は結局掲載されなかった。当時二十一歳だった私がなぜ二つの権力の分割を志向していたのかを示すために、さらにはこのような解釈がなおも有する利点のために、私はこの論文をここに公にすることにした。

第二論文は一八二〇年四月に雑誌（『組織者』）に掲載されたものであるが、これはその編集者〔サン＝シモン〕に言われるがままに彼のものとして出された。のちに私は、最終的に彼の手から正当にもその版権を取り戻したが、当時このことを知っていたのは数人の読者だけであった。本論集ではこの論文に本来のタイトルをつけて、これが近代史に対する私の一般的な考えを最初に素描したものであることを示すことにした。そこで私はすでに革命運動を能動的・受動的という二つの運動に区別し、西欧の革命運動はこの二つの動きの相克によって特徴づけられる点を明らかにした。中央権力が支配的なのか、地方権力が支配的なのかという点を軸にフランスとイギリスを歴史的に対比したこの考察は、当時複数の著作家たちに影響を与えるほど――彼らはその典拠を示さなかったが――十分に立証されている。

哲学的・社会学的な私の歩みが最終的に定まった論文こそ、社会学法則を発見した一八二二年五月刊行の第三論文である。ここに披露するその本来のタイトルだけをみても、科学と政治という二つの観点の間の密接な関係を想起させるのに十分であろう。当時までこの両者はどちらも私の主要な関心事となっていたが、それぞれ分けて考えていた。この決定的作品は当初は試し刷りの形で百部のみが無料配布された。一八二四年にこれに二義的な補足を加えた改訂版を千部再版した際に、その「実証政治学体系」というタイトルは当時から自分の全体的な構想を表現したものであったがまだ時機尚早であり、私は元のタイトルに戻したほうがよいと考えた(5)。本書〔『実証政治学体系』〕で初めて実現された体系化の作業が、実は私のデビュー当時から約束されていたことを知れば、生涯を通じた私の思索の一貫性を疑うものなど誰もいないだろう。

一八二五年十一月に公にされた第四論文〔以降はコント・コレクション『科学＝宗教という地平』所収〕は、そのタイトルだけからしても、科学を土台とした哲学による新たな精神的権力の創始へと向から明確な傾向を表している。ここでは理論的権力の再組織化へと向かう人類の一貫した歩みを全般的に検討するよりも、私の二つの基本法則をしっかり証明することが優先されている。

一八二六年三月に同じ雑誌〔『生産者』〕に掲載された第五論文は、この二つの基本的な権力の哲学的・社会的分割について徹底的に論じたものである。

新たな聖職団を創始すべしという私の一貫した傾向は、これ以降、革命学派が神権政治だと非難する一方、退歩的学派は秩序に有益だと賛辞を呈するほどまでに明確な形を取ることになった。これらの論文に対して二人の著名な作家〔バンジャマン・コンスタンとラムネ〕はまったく対照的な評価を下したのだが、この二人をそれぞれリーダーと仰ぐ人々〔自由主義派とカトリック派〕に対する、私の創始した学派〔実証主義派〕の当然の態度はすでにこの評価の違いに示されていたわけである。このような対照性は、実は同じ一人の人間〔ラムネ〕のなかにも確認することができる。この勇敢なカトリシズムの擁護者は革命学派の弁士へと落ちぶれるにつれて、実証学説に対する盲目的な敵意を示すようになったからである。[6]

これらの論文の一貫した展開を確認したいなら、今挙げた五論文、特に後半の三論文を比較検討するだけで十分である。そこでの最終的な目的が、哲学の刷新を介した精神的権力の再組織化という全体的な意図を特徴づける点にあったことが確認できるだろう。一八二六年四月に〔自宅での〕講義形式から始まった私の基礎概論〔『実証哲学講義』〕は、その第一巻出版が一八三〇年七月だったとはいえ、こうしたなかで準備されたのである。この哲学的基礎論は一八四二年に完了するけれども、私はそのなかで徐々にではあるが、初期の教えに即したその社会的使命の要請する宗教的構想を常に〔読者に〕予感させてきた。

一八二八年八月に『パリ時評』に掲載された最後の第六論文は、私が社会的作業から知性的作業へ移動しているのが確認できるだろう。一八二六年に開始され、ほどなく私の脳の発作[7]のせいで中断したあの講義（そのプログラムは別表参照〔略〕）の全面的な実施を機に、私は翌年〔一八二九年〕からこのような知性的作業〔『実証哲学講義』の執筆〕の生活に入ることになった。この〔精神的発作の〕エピソードがもたらした知見は、ブルセが形而上学的な影響と正面から格闘した記念すべき彼の著書を徹底的に検証するのに特に有益であった。この大生物学者がこの最終論文を読んで、当時まで誤解していたガルの見事な試みを自分なりに評価し、その美しき学者人生の最後の到達点を明らかにするためにその貴重な努力を惜しまなかった事実からしても、この論文は歴史的価値を有している。

意見と願望の一般的区別

（一八一九年七月）

統治者は、自分だけが政治的に正しく判断することができ、したがって政治的意見を持つことができるのはどこまでも自分だけなのだという原則を承認させたがるものである。確かに彼らはそういうだけの理由を持っているが、被治者もまたこの原則の承認を拒むだけのまったく同様の理由を持ち合わせている。実際、統治者についても、被治者についても、いかなる偏見も交えずこの原則そのものを考察してみれば、それはまったく不条理なものである。なぜなら統治者はむしろ反対に、たとえ彼らが誠実な人間だと仮定しても、その立場からして政治全般についての正確で高度な意見を持つことが最も難しい人間だからである。つまり、実務に首を突っ込めば突っ込むほど、理論に対する正確な判断が損なわれやすくなるものである。政治理論家が幅広い政治的観念を持ちたいと願うなら、その主要な条件の一つはどんな公職も厳しく自制することにある。どうして役者と観客を同時にこなすことができようか？

しかしこの点に関して、一方の極論から他方のそれへの過大な反転が起こった。統治者だけが独占的に政治的知識を携えているという馬鹿げた主張が批判される一方で、被治者の間に、どんな人間も本能だけを頼りに政治制度に関する正確な意見を持つことができるというさほど危険ではないがはやり馬鹿げた偏見が生み出され、各自がおのおの自分が立法者となるべきだと主張しだしたのである。

物理学や天文学などを研究したこともないのにこうした学問に通じていると主張するのは非常識だと考える同じ人間が、政治学の最も抽象的な原理について思索を巡らしたことも、確固とした研究の対象にしたこともない人でもみな政治学に習熟しており、しかも確固たる鋭敏な意見を持っているはずだと考えるのは、かつてコンドルセが指摘したように、奇妙なことである。

その原因は――コンドルセならこう付け加えたことだろう――、政治学がまだ実証科学になっていないからである。もしそうなっていたら、政治学を熟知するにはそれが依拠すべき観察と推論の研究が欠かせないことを、誰もが理解してもおかしくないからである。

しかし、統治者たちにはありがたい政治的無関心に頼ることなく、すべてにうまく折り合いをつけてこの偏見を一掃したいなら、これまで以上に願望から意見を区別するのが得策である。どんな人間も社会生活のなかでなにがしかの利害を持って生きているのだから、市民が政治的願望を持つのは当然かつ自然であり、必要でもある。たとえば、特権階級に属しておらず、自分の労働の産物だけで生活している市民がすべて、自由、平和、産業の繁栄、歳出削減、そして適正な税金の運用を望むのは至極当然である。しかし政治的意見というのはこうした願望以上のものを表わしている。つまり政治的意見とはそれ以上に、こうした願望がこれこれの手段でしか充足できず、それ以外の手段ではまったく無力であることを、極めて率直にはっきりと表明したものなのである。まさにここにこそ、政治的意見について深く思案もせずに発言することの滑稽さと不合理さがある。というのも、これは自明なことだが、ある所与の目的を実現する際にどういった方策や制度がそれにふさわしいのかが問われる場合、必ず一連の推論と反省がいるし、しかもそれらがうまく行使されるにはこの種の考察対象の個別研究が欠かせないからである。それゆえ、それを欠くとなれば、人々は目的とはまったく正反対の結果を引き起こす手段を用いて、その目的を実現できるなどと信じ込むであろう。このようなわけで、多くの人々は自由と平和を真剣に望んではいるが、それらを手に入れるための適切な手段についてひどく誤った考えを抱いているので、こうした手段が実行に移されるなら、むしろ逆に無秩序と専断的な支配を招かざるをえないであろう。

意見と願望のこのような分析から、政治学における次のような二つの重要な結論が導かれるものと私は考える。

第一に、物事をこのように検討し、無教養な人々の政治的意見がどこまでも手段の表明と混同された願望の表現以外のものでないとするなら、一国民のいろいろな政治的願望には普通想像される以上に一様な傾向があることがおわかりいただけよう。たとえばフランスにおいて、復古的な意見を公言している人々でも、旧制度の再建を本当に――つまり万事わきまえた上で――望んでいるのは、かつての特権階級からなるごく少数だけである。その他の多くは、世間と同じように自由、平和、そして倹約を望んでいる。彼らが封建体制の観念をこうした願望と結びつけているとすれば、その理由は、封建体制こそがこれらの理想を保障するのにふさわしい唯一の体制であると考えているからにほかならない。

第二に、一国民の大多数が統治において果たす役割をいかに決定するかがこれと同じ分析に由来していることがおわかりいただけよう。公衆は自らに必要なものを常にわきまえているわけではないが、自分の願望はすべてわかっているし、誰かがその願望を代弁すべきでもないので、公衆だけが目的を提示すべきである。しかし、いったん目的が世論を通じてはっきり示されたあとは、もっぱら政治学者こそがそれを実現する手段に取り組むべきである。大衆がこの手段を考えようとするなら馬鹿げていよう。世論は願望を述べ、政治理論家は実行手段を提案し、そして統治者は実施すべきである。この三つの役割が区別されない限り、多少の差はあれ相当程度の混乱と専断的な支配がやってこよう。

一言で言えば、政治学が実証科学になった暁には、公衆は自分たちが天文学において天文学者に、医学において医者に今日寄せているのと同様の信頼《コンフィアンス》を政治学において――もちろん作業の目的と方針を提示するのはもっぱら公衆であるという違いはあるが――政治理論家に認めるべきであり、また間違いなく認められていくであろう。

こうした信頼は、政治学が曖昧模糊として神秘的かつ判断不能、要するに神学的であった限り重大な欠陥を抱えていたわけだが、政治学が実証科学、つまり観察科学になった暁には、われわれが日頃当たり前のように医者に寄せている信頼――それはしばしばわれわれの生死がかかわっていることに由来しているが――と少なくとも同程度のものにはなるであろう。

このような状態においては、理性に服従することと、専断に対して用心することは完全に両立するはずである。

一般近代史概論（一八二〇年四月）

文明の歩みがわれわれに交代を促している体制は、教皇的・神学的な精神的権力と、封建的・軍事的な世俗的権力が結合したものであった。

この体制の誕生は、精神的権力に関して言えば、キリスト教のヨーロッパ支配の開始、つまり三－四世紀頃までさかのぼる必要がある。世俗的権力については、北方民族が大々的に南ヨーロッパへ最初に定住を試みた頃とローマ帝国の最初の分裂の時期、つまり〔精神的権力の誕生と〕ほぼ同じ時代に、その起源は設定されねばならない。

この二つの権力が最終的に樹立されたのは、十一－十二世紀頃であった。この時代、封建制が国家権力として強固な土台の上にあまねく確立される一方、教皇の権威もヨーロッパ権力として完全に組織された。

以下ではこの注目すべき時代に少し立ち止まって、二つの重要な観察を行ってみよう。

第一に、この二つの権力が組織されたのは、短期間のうちにそれほど難なく行われたという点である。なぜなら両権力が最初に誕生してから七－八百年の間に、すでにゆっくりとこの組織化の準備は進められてきたからである。

世俗的権力の確立は北方民族がローマ帝国を打倒した結果であった。ローマ帝国が完全に滅亡した直後に、なぜ世俗的権力がただちに樹立されなかったのかと言えば、そうするには、最初に住みついた諸民族が新たに侵略してきた諸民族を征服することで、こうした組織的な侵入活動にまず終止符を打つ必要があったからである。これこそサクソン人とサラセン人に対するシャルルマーニュ大帝の戦いの、続いて十字軍の目的であった。

精神的権力の確立は多神教の根絶[1]と、多くの聖職者がヨーロッパ中に広めたキリスト教の樹立によって準備された。

十一世紀に教皇ヒルデブラント〔グレゴリウス七世〕は国家権力に対する教皇権の優越性を堂々とヨーロッパ権力として宣言したが、彼は万民の心の中にその時にすでに根づいていた原理をうまくまとめ上げたにすぎず、言い換えれば、長いことすでに受け入れられてきたあらゆる要素からなる一つの信仰をたんに書き記しただけだったのである。

第二に、誕生の時期に関しても、最終的な確立の時期に関しても、この二つの権力の一致は注目に値する。われわれは両権力の衰退についてもまた同様の類似性を見出すことができよう。このように両者が常に一致しているのを鑑みれば、それらが同時に消滅するに違いないことや、世俗的権力がまた別の権力と交代する時は必ずや精神的権力も同様の交代が行われる――その逆もまたしかり――ことも（両者が互いに支え合う関係にあるという理由とは別に）証明されるのである。

かつてこの社会体制は先行体制〔古代多神教体制〕の存続中、それもまさに絶頂に達した時代に生まれた。同様にその封建的・神学的体制も、中世に確立された時にその崩壊の芽が出始め、この体制に代わるべき今日の体制の諸要素はまさにこの時に現れ始めたのである。

事実、世俗的権力に関して言えば、自由都市《コミューン》[2]の解放が始まったのは十一－十二世紀であった。

精神的権力についても、実証科学がアラビア人によってヨーロッパに導入されたのはこれとほぼ同時期のことである。

この重要な事実にわれわれの全注意を傾けよう。(3) この事実は、今日われわれが自国の政治体制を解明する時に用いるべき一連の観察の真の出発点なのである。

産業的能力ないし工芸は、封建的権力ないし軍事的権力に取って代わらなければならないものである。

どの国民においても戦争が繁栄の第一の手段と考えられ、またそうならざるをえない時代では、社会の世俗的行政が軍事的権力の手中に握られていたのは自然であり、また産業も脇役だとみなされ、どこまでも〔戦争の〕道具のような扱いを受けていたのも当然であった。逆に、社会が富を獲得する唯一の手段が平和的活動、つまり産業労働の活動にあるのだということを、各社会がそれぞれ経験から最終的に合意に至る時、世俗の管理は自ずと産業的能力へと必然的に移管され、かたや軍事的能力はいつの日かまったく無用となる宿命までも背負った、どこまでも受動的な力として、もはや単なる脇役の地位に落とされることになる。

ところで、この新たな状態の礎を築いたのが自由都市の解放であった。この解放こそ、この新たな状態が今後ますます発展していく可能性を、さらにはその必然性さえも準備したのである。この点についてはのちほど証明する機会を持つであろう。また産業的能力を創り上げたのも自由都市の解放であった。というのもこの解放のおかげで、軍事的権力とは別の社会様式が産業的能力のために定められたからである。

この時代以前には、手工業者《アルチザン》は集団として軍人階級に絶対的に従属していただけでなく、各自が暮らしていた土地の所有者の個人的な専断にも完全に服従していた。

この自由都市の解放は、前者の専制〔軍人階級への従属〕を存続させはしたが、後者の専制〔土地の所有者の個人的専断〕を根絶し、その結果、前者の専制を崩壊させるきっかけとなった。それまでは、手工業者は自分の財産を何も持てなかった。彼ら自身を含め所有物はすべて彼らの領主のものであり、領主が彼らに与えるものしか所有できなかったからである。自由都市の解放は、労働を源泉とする産業的所有――完全に軍事的な起源と性格を持つ土地所有とははっきり区別されるが、ほどなくそれと対抗することになる所有――を生み出したのである。

この記憶すべき刷新によって、産業的能力は発展・改善・拡張を遂げることができるようになった。社会の指導層だけは、彼らが掌握し続けた行政全般がそうであったようにたしかに軍事的であり続けたが、諸国民は産業を土台にしてあらゆる部門での組織化が可能となったのである。

世俗的権力に対して、われわれがいましがた行ったのと同じような観察を精神的権力についても行ってみよう。

実証科学的能力は同じように精神的権力に取って代わるべきものである。

われわれの個別の知識がどれも推測的・形而上学的であった時代には、当時は神学者だけが一般的形而上学者であったのだから、精神的な事柄に関する社会の管理が神学的権力に握られていたのは自然であった。逆に、ひとたびわれわれの知識のあらゆる部門がもっぱら観察に基礎を置くことになれば、精神的な事柄の管理は、神学と形而上学よりも明らかに優越したものとして、実証科学的能力に託されねばならない。

ところで、アラビア人によるヨーロッパへの実証科学の導入がこの大変革のきっかけを作ったのであるが、この変革はわれわれの個別知識に関しても、またわれわれの一般学説でも批判的部分に関しては今日完全に実現されている。

アラビア人が征服したヨーロッパの諸地域で観察科学の教育のための学校を建て始めるや否や、才気ある人々はこの新たな知見にすっかり魅了された。そしてほどなく同種のいろいろな学校が西ヨーロッパ中に設立されることとなり、天文台、解剖室、博物館がイタリア、フランス、イギリス、ドイツに設置された。十三世紀以降、ロジャー・ベーコンが華々しく物理諸科学を開拓した。実証的なものが推測的なものに勝り、物理学が形而上学に優越することは、精神的権力〔ローマ教会〕さえ当初からはっきり自覚していたので、多くの優れた聖職者、とりわけ二人の教皇は、ほぼ同時代に自らの教養を完璧にするためにコルドバに赴き、アラビア人の教授から観察科学を習得したのだった。

以上、これまでの観察を要約するなら、原則として次のように主張することができる。すなわち、封建的・神学的体制が最終的に組織された時に、新しい社会体制の諸要素がまさに形成され始めたということだ。実証的な世俗的能力、つまり産業的能力は完璧な発達を遂げた世俗的権力〔軍事的権力〕のかたわらで誕生した。その一方、実証的な精神的能力、つまり科学的能力は、精神的権力〔ローマ教会〕が活動を広く展開し始めた瞬間に、その背後に姿を現したのである。*

* 社会および社会的なものをすべて世俗的なものと精神的なものへ分割することは、旧体制と同様に新体制でも継続せねばならない。ローマ人には存在しなかったこの分割は、近代人が作り上げた社会組織の最も重要な改善である。これにより理論を実践からはっきり区別できるようになったおかげで、政治を一つの科学にすることが初めて可能となったのである。ただ、この分割は新体制においてはもはや二つの権力の間にあるのではなく、二つの能力の間にある。

その後の出来事の検討へと移る前に、新体制が誕生するや否や生じた二つの体制の間の顕著な相違を、権力と能力という言葉の対比でまさに私が表現しようとしたこの相違を検討することにしよう。新しい権力は古い二つの権力のそれぞれのかたわらで生まれるのではなく、能力は権力のかたわらで生まれると、[4] 私は言おう。言い換えるなら、[5] 今日人間の〔恣意的な〕作用に代わるものとして生まれたのが原理の作用であり、〔神や人間の〕意志に代わるものとして生まれたのが理性なのである。

旧体制の世俗的権力は軍事的だったので、本質的に国民に対して最高度の盲従を要求した。

逆に社会の俗事を管理すべきだと考えられている産業的能力にあっては、専断が入り込む余地はないし、また不可能である。なぜなら、一方で産業的能力が全体の繁栄を目指して作成するプランはすべて法に照らして判断可能だからであり、他方でこのプランの実行に際しても、非常に簡単な命令しか必要としないからである。(6)

同様に、精神的権力〔ローマ教会〕は本質的に憶測に基づいているので、人心の全幅の信頼と服従をどうしても必要とした。これこそ精神的権力の存続と活動に不可欠な条件であった。だがこれと反対に、社会の精神的な事柄を司るものと考えられている実証科学的能力は、少なくとも論証を理解できる人であれば誰であれ、〔論証に対する〕盲信も、信頼さえも必要ではない。それ以外の〔論証を理解できない〕人々については、経験が十分に教えてくれるところによれば、実証的な学者すべてに異論なく承認された論証を彼らが信頼しても決して彼らの害にはならない、要するにこの種の信頼は悪用の恐れはまったくないことがわかるのである。

したがって実証科学的能力は、それが力を生み出す限りで、一つの権力を作り出すものであると、みなそうと思えばみなすことができる。しかし、それは啓示の権力ではなく、証明の権力である。

以上から、われわれの出発点はこうなる。

世俗的権力と精神的権力が十一世紀にはっきりと確立されると同時に、この二つの権力の背後で二つの実証的能力が形成され始め、両権力の没落と交代の準備が開始されたということである。要するに一つの体制が確立されると同時に別の体制が産声を上げたのだ。この時代から、この二つの体制はある時は内々に、ある時は公然と衝突しながら共存し続けたが、結局、新体制が徐々にその力を獲得してゆくのに比して、旧体制は徐々にその力を失っていったのである。

それゆえこの歴史的検討は、この時代以降、旧体制の没落に関する観察の流れ《セリー》と新体制の興隆の流れという同時並行的な二つの系列《セリー》に分割される。この区別はまた、われわれがこれから語るすべての事柄において従うべき指針ともなるであろう。

第一系列〔旧体制没落の観察〕

われわれが観察の出発点においた時代〔十一世紀〕、共存する二つの体制（一方の体制は絶頂期に入ったのに対し、他方の体制は誕生したばかりであった）の間の力関係は極めて不均等であったため、両体制の間には直接目に見えるような形では長いことといかなる争いもありえなかった。だから歴史がわれわれに証明しているように、この争いが公然と目につきだしたのはようやく十六世紀になってからである。それ以前の四―五百年間は、封建的・神学的体制の繁栄期であった。ただしこの栄華はすべて地雷原の上に築かれたものだったのである。

もし歴史家たちが中世の検討をもっと上手に精査して深めていたなら、この時期の目に見える部分だけしかわれわれに語らないようなことはしなかったであろう。なぜならもしそうなら、その後に起こったすべての大事件が段階的に準備されたものであることを彼らは確認できたであろうし、十六世紀とそれ以降の数世紀にわたるもろもろの大事件を、何の前触れもない突発事であるかのように描くこともなかっただろうからである。いずれにしても、二つの体制間の公然の闘争が開始されたのが十六世紀だったということは疑いえない。以下では、この時代の争いを取り上げよう。

ルターと彼に協力した改革者らが教皇の権威に加えた攻撃によって、精神的権力はヨーロッパ権力としては――まさに精神的権力の真の政治的特徴はここにあったのに――事実上崩壊した。同時に彼らの攻撃はまた、盲目的信仰の原理を検討の権利に交代させることによってこの盲信原理を破壊し、神学的権威になおも残存していた影響力をも根底から掘り崩した。当初はごく狭い範囲に限られていた検討の権利ではあったが、不可避的に拡大し続け、ついには際限のない範囲にまで及んだのである。

この二つの変革は、プロテスタンティズムを奉じていた国々はもちろん、カトリックにとどまった国々――とりわけフランス――でも徹底的に遂行された。

だがそこには注目すべき次のような違いがあった。すなわちカトリック国では、精神的権力〔教会権力〕は、明確な独立した権能としてはもはや立ち行かないことをよく自覚していたので、これまで自らが王権支配に用いてきたのと同じ教義〔王権神授説〕を今度は王権の支えとして提供することで、もっぱら王権の指図に従い、それに奉仕したのである。

聖職者のこの役割変化は、聖職者の政治的影響の行使をその自然な寿命以上に多少とも延命させる効果を確かにもたらした。しかしこの変化のせいで王権は、教養ある階級からすっかり信用を失っていた教義とそのまま運命をともにしかねない極めて不利な立場に置かれた。

宗教改革の実施は（この改革が引き起こした〔ユグノー〕戦争のせいで）、まるまる十六世紀から十七世紀の初頭までかかった。フランスとイギリスでは、改革の直後から世俗的権力への攻撃が開始された。

フランスでもイギリスでもこの攻撃は平民《コミューン》によって行われたが、彼らは世俗的権力の二つの部分〔国王と貴族〕のうちの一方を自分たちの首領として担いだ。この点では、両国民の間にはたった一つだけ違いがあった。つまりイギリスの場合は、王権に抵抗して平民と結びついたのが封建貴族であったのに対し、フランスでは、封建貴族に対抗して平民の首領に据えられたのが国王であったという点である。

世俗的権力の一方に反対して他方と平民が結びつくこのような連合関係は、どちらの国でも自由都市《コミューン》の解放の直後に生じたのだが、少なからずこの解放自体を生み出すきっかけにさえなった。それ以来、この連合の影響は十七世紀よりも遥か前から紛れもなく現れていたのであり、それらの諸結果が十七世紀に起こるもろもろの大事件をすでに準備していたのである。

フランスでは、枢機卿リシュリューが封建勢力の打倒に真正面から取り組み、彼のあとを承けてルイ十四世が最終的にそれを成就した。彼は封建貴族を政治的にすっかり無力化し、まったく無意味な存在にまで追い込んで、王国の儀仗兵以外の役割を貴族に与えなかった〔フロンドの乱〕。リシュリューとルイ十四世がともに美術・科学・工芸を大いに奨励した点に注目されたい。彼らは、努めて学者・芸術家・手工業者らの政治的地位を高めようとした一方で、貴族の政治的地位を引き下げたからである。こうした意図はもっぱら、元手工業者の宰相コルベールによって表明されたのだが、ただこうした事実については第二系列で再び扱うことにし、ここではそれを指摘するだけで十分である。

イギリスでは、〔国王と貴族・平民連合の〕争いは一六八八年の革命〔名誉革命〕として結実し、これによって王権は、旧体制の転覆まではいかずともそのギリギリのところまで制限された。このように世俗的権力への攻撃によって、フランスとイギリス双方で、この権力の一方の勢力〔フランスでは貴族、イギリスでは国王〕がそれぞれ可能な限り全面的に弱体化させられたのである。その結果、両国民はそれぞれ、一線を飛び越える手前まで――この一線を越えるなら体制の変革は間違いなく古い社会体制の枠を突破せざるをえない――世俗的権力をすっかり打ちのめした。もし以上の成果を互いの国民がさらに完全なものにしたいなら、一方の国民の行った変革を他方の国民が受け入れさえすればよい。これこそ先頃フランスで起こったことであって、つまりフランス人がイギリスの政体を採用したのである。

世俗的権力の一方の勢力を攻撃するために、平民《コミューン》が他方の勢力と同盟を結んだということの事実からして、また（宗教改革の時に）精神的権力〔ローマ教会〕を敵に回して複数の国々の世俗的権力が積極的に庇護を買って出た事実も含めて、結果的にこれらの攻撃の真の性格はそれを相当深いところまで検討しなければ理解できなくなってしまった。

この点にこそ、これまで広く流布した誤謬の原因が存するのであり、それを指摘した上で唾棄するのが肝要である。これまで人々は、これらの大事件に、封建的・神学的体制の一方の勢力を首領に据えて別の勢力に戦いを挑む平民の闘争を見ずに、国王たちの対教皇闘争、ないし王権と封建的権力間の闘争しか見てこなかった。つまり平民は、いろいろな権力が利用する単なる道具としかみなされてこなかったのであり、別の観点から検討されることなどまずなかったのである。

われわれが右に指摘した誤謬はどうしたら是正できるのか。ただその考察に入る前に、ここで確認しておきたいのは、この問題に関して取るべき立場がいかなるものであれ、われわれの第一系列〔旧体制没落の観察〕はいささかもその影響に左右されないという点である。この系列は依然として真実であり続ける。なぜなら、その主目的は、旧体制の絶えざる没落過程の論証にあるからだ。とはいえ、手工業者・芸術家・学者（彼らは集団としては平民を形成していた）がこの没落に及ぼした紛れもない働きを知ろうが知るまいが、どちらでも構わないというわけではもちろんない。

われわれは原則として、一体制内のもろもろの勢力に生じる亀裂はすべて没落の明白な兆候であると認める。だから、精神的権力と世俗的権力の分裂という最初の大事件を目の当たりにした時点で、ただちにわれわれは、多少の差はあれ近い将来、両権力が没落するのを予告できただろう。

この種の分裂は、旧体制のなかでかなり早い時期から現れ始め、旧体制が完全に組織される前にさえ起こっていた。旧体制が最終的に完成を見るや、ほぼその直後からこの分裂は継続的なものになった。もし人々がこの点についてさらに考察を深めるなら、この体制において分裂は不可避だったことを知るであろう。

もろもろの権力は、最も明白な共通の利益のために緊密な提携が要請されている時でさえ、常に先を争って互いに妬み合う。実際、こうした権力はまったく自らの権限に明確なラインを引こうとしないので、各々がそれぞれ、すべての権力を支配しようと野望を抱くのも当然である。それらの真の連携と強固な結合は実証的諸能力の間にしか存在しえない。連携はその時に初めて可能となる、というよりいわば必然的になる。なぜなら、実証的諸能力はそれぞれ、可能な限りはっきりとその領分が定められた自然の役割に自らを限定するからである。仮に全権限を一手に要求する主張が現れて、この自然の配置が揺るがされることもあるかもしれないが、このような要求は誰の目にも滑稽なものに映るだろうし、結局のところ、危険になるほど多数の信奉者を獲得することもまずないだろう。

当初平民は、政治的存在としては明らかにあまりに微力だったので、古い体制に抵抗するにはどうしても敵陣の首領たちと組まざるをえなかった。平民は、旧体制内で勃発したもろもろの分裂をうまく利用することに専念した。彼らは慎重に行動したが、それはそのままこの分裂に着実につけ込むことにほかならなかった。平民のプランはいたって単純だった。すなわち、平民はいつの時代、どこの国でも最も寛大《リベラル》な勢力、つまり自分たちの利益に最も合致した勢力を一貫して支持することにしたのである。十六世紀と十七世紀の二つの大きな闘争〔宗教改革とフロンドの乱〕に先行する局地的な小競り合いのすべてにおいて、一種の驚くべき本能から平民は常にこの方針通りに事を運んだのである。したがって、ここ最近の数世紀に平民が取った行動はまったく偶発的なのではなく、長い間にしみ込んだ習慣に起因していたのである(7)。

以上、なぜイギリスでは平民が国王に反対して貴族側についたのか、他方なぜフランスでは平民が封建貴族に反対して国王側と連携したのかということを説明した。これより以前の時代には、フランスでもイギリスでも、平民は精神的権力の立場を支持した。なぜなら当時は精神的権力が最も寛大だったからである。このように実際は、平民は決して古い諸勢力の手中にある道具などではなく、むしろこれら勢力のほうこそ――確かに彼らも固有の衝動に突き動かされたとはいえ――平民の道具として役立ったのだとみなされるべきなのである。事実、古い体制への攻撃は平民によって、平民のために開始された。その際に利用された人がいたとしても、それが平民だったとはまず考えられない。

その上、平民は、十六世紀と十七世紀の二つの争いのなかで、どこまでも彼らに由来する直接行動を取った。新体制の二つの要素である産業的能力と科学的能力(8)は、この行動のなかでそれぞれ自らの役割を演じた。両者は常に協調行動を取りながらも、事物の本性が命ずるままに、科学的能力は主として精神的権力に、他方で産業的能力は世俗的権力にそれぞれ嚙みついた。各能力ともそれぞれ対応する権力と格闘したのである。そして（特に注目に値することだが）当時科学的能力は神学的教義を打倒するために理性を用いたのだが、実はこの神学そのものにまずは自らの基礎を求めることが自らの義務だと考えた。あるいは少なくとも、自らの基礎を神学的な方法に順応させる必要があると考えたのである。大法官〔フランシス・〕ベーコンの著作全体に確認されるのがこれである。これが精神的な面での闘争であるとすれば、世俗的な面でこの闘争に相当するのは、軍事的権力の半分と平民が連携したという事実である。

観察科学の進歩がルターの宗教改革に及ぼした根本的な影響をいまさら検証するにはおよばない。この影響は今日誰にも疑いえないからである。ここでは簡単に指摘しておくだけで十分である。それほど強力でも直接的でもないが、工芸の進歩が宗教改革に及ぼした影響に関して言えば、この時代をテーマにした最良の歴史家たちが特に次のような象徴的な事例を挙げている。それは、彼らの指摘によれば、アメリカ大陸の発見と喜望峰回りのインド航路の発見――この発見それ自体が観察科学の進歩と結びついた産業技術の一連の進歩であった――によって、商業およびその結果としての産業にもたらされた大発展が宗教改革に及ぼした疑いえない作用である。

そのほかにも第一級の発見は二つあった。一方は十五世紀末頃に技術面でなされた発見であり、他方は十六世紀頃の科学面でのそれであり、この二つの発見によって古い体制の没落は決定的となると同時にさらに拍車がかかり、しかも新体制の諸能力が仕掛けた争いを、さらに直接に、確実に、冷静に、そして急速に進展させたのである。

一つ目の発見は印刷技術のそれである。これは、宗教改革を引き起こすほどの原因になったわけでは決してないが、少なくともこの発見がなければとても不可能であったほど、どこまでも素早く完璧に宗教改革を伝え広めるのに役立った。しかし、古い体制の没落に関しては、この発見の最も本質的な効果はそこにあるのではない。

印刷技術の発見が、世論の絶大な力を生み出しつつ、社会秩序に与えた変化がいかに巨大であったのかを知らしめる周知の論証については、われわれはもう繰り返さない。ただここでわれわれの立っている観点からのみ、この発見を考察する。

この観点からわれわれは次のように言おう。(一)、この発見は、新体制が古い体制との交代を準備するために、消滅する運命にあるどの権力からの後ろ盾も頼ることなく、最も直接的で完全な行動を率先して行うための手段を新体制に保証したということ。(二)、この発見は攻撃を批判に変えることで、闘争が当時まで帯びていた暴力的な性格を大部分消滅させたことである。

さて、次に私が述べようと思った二つ目の発見は、コペルニクスがみつけ、ガリレオが証明と確立を成し遂げた真の天文学理論の発見である。

神学体系を根本的に破壊する上で、この理論が万人の考えに及ぼした変革に起因する真に強力な動きを、分別のある人々でも概して正しく評価していない。この理論が及ぼした影響は、それだけで神学体系を破壊するに足るほどのものだったのである。この点について、われわれは以下の考察によって指摘するにとどめるが、読者は各自でさらに展開することができよう。

神学体系の全体は、地球は人間のために作られており、全宇宙は地球のために作られているという想定に基づいているが、まずはこの想定を破棄されたい。そうすれば超自然的な教義はすべて倒壊するだろう。ところでガリレオがわれわれに証明したのは、わが地球は最も小さな惑星の一つであって、そのほかの惑星と別段区別されるべきものではないこと、そしてそれは一定のペースで太陽の周りを回っているということであった。したがって、自然はすべて人間のために作られたという仮説はあからさまに良識にそむき、はなはだ事実と矛盾したので、この仮説はいやがおうにも滑稽なものとみなされ、この仮説に基礎を置いていた信仰もろとも、ほどなく倒壊せざるをえなくなったのである。要するに、神学的教義は近代天文学理論が誇る完璧な確信とは根本的に相容れないものとなったのであり、天文学説の論証過程に精通しているわけでもないのにこうした確信を抱く人々ですらそう考えるようになったのである。

この考察を十分に吟味するなら、宗教裁判所はガリレオの理論をその誕生時に圧殺することによって、精神的権力の憲兵隊というその職務をしっかり遂行したのだということがわかるだろう。

以上述べてきたことをすべて要約するならば、十七世紀の終わりまでに、古い体制を標的とした部分的な攻撃が二つあったことになる。一つは精神的権力に対する十六世紀のもの〔宗教改革〕であり、もう一つは世俗的権力に対する十七世紀のもの〔フロンドの乱〕である。

最初の印象では、この二つの攻撃で十分であるように思われた。しかし、この体制はその全体ではなく諸勢力が部分的に攻撃を受けたにすぎず、この攻撃ではとても足らなかった。この体制は細部においては破壊されたが、なおも体制全体として打倒することが残されていたからである。その上、個々の争いはどれも古い諸権力のいずれかの指揮のもとに行われたので、はっきりとした独自の性格を完全に欠いており、それゆえ古い体制と別の体制の諸勢力の衝突としてあまり十分に認知されなかったのである。これこそ、最初の二つの争いではなぜ不十分だったのかの、第一の理由とはまた別の第二の理由である。

このように十七世紀末に事物の真の状態をはっきり理解できた人がいたなら、十分な確信をもって、次のように予告することができただろう。すなわち、当時までに実施されたこの二つの部分攻撃は実は準備段階にすぎず、次世紀においては体制全体に対する総攻撃が遂行され、ついには体制の没落を決定づけるであろう、と。こうした事態の進展は十一世紀以来の歴史全体の不可避的な帰結であり、ここ最近の二世紀の直接的な結果なのである。

誰もが記憶しており、われわれにも身近なもろもろの事実について、ここで詳しく立ち入るには及ばないだろう。十八世紀は、それがなるべくしてなったものだとはいえ、確かに先の二世紀の帰結であり、完成であり、そして総括であった。

精神的権力について言えば、宗教に関する〔自由〕検討の権利原則（これはルターが提起したものだが、当初はごく狭い範囲に制限されていた）は最大限にまで拡張された。この権利は最も大胆な形で適用されていったが、それはこの権利自体を好き勝手に打ち立てようとするもろもろの企てと同時並行的に推し進められた。検討にさらされた神学的信仰はあまりにも不用意に、慌ただしく、ぞんざいにすっかり叩きのめされた。なるほど、この行動は過去に対する完全な忘却と、未来に対するあまりに混乱した不確かな見識から生まれていた。だがそうであっても、結局この信仰は再起不能なまでに打倒された。なぜなら、最も無教養の人々にさえ、神学的信仰はどれも馬鹿げていると思えてしまうところまで、この批判が押し進められたからである。これは否定できない事実であって、われわれはこの批判を裁いているのではなく、単に観察しているのである。

世俗的権力について言えば、この面でフランスに起こったこと——この場合、十八世紀全般が主な観察の対象とされなければならない——を検討してわかるのは、封建貴族は十七世紀にその政治的威力をすべて失い、十八世紀には市民からの敬意もことごとく失ったということである。

フランス王権はルイ十四世の時代になって、国王に対する平民の賛同を後ろ盾に世俗的権力を完全に掌握すると、平民との連携を打ち切ってしまった。これは王権側の大きな誤りであった。

ルイ十四世は貴族と結びつくことで大きな誤りを犯した。この貴族というのは、かつては王権と並び立つ存在だったこともすっかり忘れて、ついには金や名誉と引き換えにつまらない名ばかりの政治的地位を受け入れることに甘んじていた人々だったからである。(9)

もしルイ十四世がこんな重大な過ちを犯さなかったならば、つまり自らの運命のためにこの腐敗した勢力——人間精神の定めのなかで避けられない宿命を持った勢力にして、自ら積極的に破壊に加担していた勢力——に見切りをつけ、引き続き平民の方針に従ってさえいれば、おそらく彼はのちにルイ十六世に襲いかかるあらゆる災厄〔フランス革命〕を回避させることができたであろう。

事実、平民が最初に王権に不信を抱き、国王たちから離れていったわけはここにある。次いで、摂政の不品行とルイ十五世の放蕩が王権の体面を汚し、平民の不信を一気に絶頂にまで高めた。これと並行して、啓蒙思想家《フィロゾーフ》たちが世俗的権力を精神的権力と同様の批判にさらしたが、宗教改革以来、世俗的権力は精神的権力とだいたい同じようなもろもろの教義に依拠していただけに、なおのことこの批判に耐えることはできなかった。

こうして十八世紀はこの二つの権力への批判を極限まで推し進め、最終的に体制内部の組織の面でも、全体の外観の面でも旧体制を崩壊させることに成功した。この崩壊がどのように行われたのかを、ここでさらに詳しく検討することは場違いになろう。

私はただ、ガリレオ以来の観察科学が成し遂げた絶えざる巨大な進歩が神学的教義の崩壊に及ぼした、また及ぼさざるをえなかった影響を指摘するにとどめたい。ニュートンによる一般物理法則の発見、フランクリンによる主な気象現象〔雷〕の解析、およびそれを人間の手で操る方法の発明〔避雷針のこと〕、要するに天文学、物理学、化学、生理学における数多くの瞠目すべき十八世紀の発見はすべて、ヴォルテールやその仲間たちの書物――それは驚くべき影響力を持っていたにもかかわらず――よりも、神学体系を根本から徹底的に破壊することに大きく貢献したのである。旧体制の支持者はもちろんその敵対者たちも、十分に注意を払わなかったのがこの点である。

フランス革命は、かかる状態によって準備されて、というよりむしろ必然的に避けがたくして炸裂した。革命はその当初から誤った途を辿ったが、王権は覆された。

王権はまもなく再建された。というのも、フランスにおいて王権は旧体制の頭脳であり、心臓であるので体制とともにしか消滅しえず、しかも一つの体制は別の体制がすでに完璧に整えられ、すぐにでも交代できる場合にしか消滅しえないからである。

この大激震が最終的にもたらしたものは、特権の廃止、無制限な信仰の自由の原理の宣言、そして王権自身が定めたイギリス憲政の確立であった。

特権の廃止は貴族制を完全に根絶し、世俗的権力を王権にしか残さなかった。

無制限な信仰の自由の原理の宣言は、精神的権力を全面的・決定的に否定した。*

＊　この宣言は政治面であれ、単なる道徳面であれ、一切の神学的権威(10)の確立も不可能にした。というのも、信仰が各人の任意になるなら、二つの信仰告白が完全に一致することなどありえないからであり、しかも各人の信仰は、その人の道徳的・身体的感情の果てしない流動状態と、彼が拠って立っているこれまた流動的な社会的状況によって彼が被るあらゆる変化のままに、めまぐるしく変わりうるからである。
　要するに、無制限な信仰の自由と、絶対的な神学的無関心は、政治的帰結としては、まったく同じところへといきつくのは明らかである。どちらの場合も、超自然的信仰はもはや道徳の基礎には役立たない。これは伏せておくべきであるどころか、強調してもしすぎることはない一事実である。というのも、この事実は、社会組織の基礎ないし一般的紐帯たる道徳を、〔宗教とは〕別の原理の上に、（つまり観察から導き出された）実証的原理の上に構築する必要を証しているからである。


最後にイギリス流の憲政の樹立は、対立さえする異なった二つの側面から考察されねばならない。

一方で、この政体は（旧体制の唯一の現実的残存物である）王権を制限しつつ旧体制の廃止を続行したが、それはできるだけこの体制から逸脱しない範囲内で行われた。

他方で、この政体は世論を代表する議会を制定することによって真の移行手段、つまりそれが実行に移されるや、すぐにでも来るべき体制へと容易にしかも平和裏に移行可能な手段を樹立したのである。

第一系列の観察を締めくくるにあたり、以上の検討からいくつかの結論を要約することにしよう。

私の出発点は次のようなものであった。

十一世紀、封建的・神学的体制は、世俗的権力の面でも、精神的権力の面でも、その最終的な確立をみた。

だがその同じ時代に、新しい社会体制の要素がいくつか生まれ始めた。すなわち、世俗的・軍事的権力の背後には産業的能力ないし手工業者階級（自由都市《コミューン》の解放から生まれた）が、そして精神的権力の背後には、科学的能力[11]（アラビア人によるヨーロッパへの観察科学の導入から生じた）が、それぞれその姿を現したのである。

新体制と旧体制は、力の差があまりにも大きかったので、四－五百年の間は公然と衝突することもなく共存した。両者の闘争は、この間に静かに準備されたのである。

十六世紀の初頭から、新体制内の勢力は三度にわたって旧体制に攻撃を仕掛けた。そのうち二つの攻撃は部分的で、もう一つは全面的なものであり、それぞれの攻撃にはおよそ百年かけられた。

十六世紀の攻撃は精神的権力に向けられ、十七世紀のものは世俗的権力に対して行われた。旧体制に対する最終の総攻撃は十八世紀に勃発した。この攻撃こそ神学的・軍事的体制の没落を決定づけることになった。

旧体制の真の現状[12]は、何の誇張もなく以下のようなものである。

まず、もはや教義は存在せず、その基礎をなす信仰はすべて消滅しているか、しつつある。

だから、精神的権力はもはや社会の最下層にしか働きかけることができない。

次に、世俗的権力は、その二つの勢力〔王権と貴族〕のうちの一方にしか残っていない。王権がそれなのだが、それも行き詰まりを見せている旧体制が加速度的に全面的に没落しない程度の最小限の意義しか与えられていない。

要するに、今日旧体制は新体制の確立まで秩序を維持するために必要なギリギリの力しか持っていないのである。しかも、もし新体制の確立にあまりに手間取ることになれば、その秩序を維持し続けることもはなはだ疑わしいであろう。

この報告をもとに、新体制の組織化を急ぐ必要がないのか、また手工業者・学者・芸術家がこの点で胡坐《あぐら》をかくようなら最大の過ちを犯すことになりはしないか、私はその判断については〔読者に〕お任せしたい。

以上が、旧体制との関係から見た社会の率直な現状である。われわれは観察の第二系列の検討を通して、このような状態が新体制にとってもはや満足に値しないものであることをほどなく知るであろう(13)。

第二系列(14)〔新体制興隆の観察〕

文明の歩みは、第一系列〔旧体制没落の観察〕においては波瀾に富んだものに感じられたただけに、これから検討する第二系列ではいたって平穏に思われよう。われわれはまだ古い社会体制の段階的な崩壊しか考察していない。だが、この没落が開始されたのと時を同じくして、社会はその各部門のすべてにおいて新しい体制へと次第に編成されていったのであり、そして今日、この新体制は老朽の極みに達した旧体制と交代できるほど十分に発展しているのである。われわれがこれから観察と説明を施さなければならぬものこそ、この新体制の段階的な発展である。

まず最初に出発点を設定しよう。

すでに概観したように、十一世紀に古い体制が確立を見たまさにその瞬間に、新しい社会組織のもろもろの要素もまた誕生した。これらの要素とは、世俗面で言えば（自由都市の解放から生まれた）産業的能力であり、精神面で言えば（アラビア人によるヨーロッパへの実証科学の導入の帰結である）科学的能力である。

もしある天才がこの時代から十分な知識を持って、この事態を観察することができたならば、間違いなくこれ以降に起こった大変革を当初からすべて予見したであろう。なぜなら、当時の体制は精神的権力と世俗的権力の協力によって隆盛を誇っていたのだが、同時代に誕生したばかりのこの二つの能力は、この両権力を必ずや転覆させることになると、彼なら見抜いただろうからである。

また、この二つの能力が両権力を尻目に次第に発展を遂げ、ついには古い体制に取って代わるべき別の体制を徐々に作り上げることも彼なら予見したであろう。

われわれはまずこの基本的な洞察をきっちり論証することに努めよう。この洞察によって、われわれは、この第二系列の展開がすでにその最初の段階から萌芽的にすべて含まれていたということを目の当たりにするであろう。続いて、新体制の組織化が実際にどのように行われたのかを検討するであろう。

古い体制を解体し、それに取って代わろうとする新体制の持つこの二重の傾向（二つの点から見てもやはり必然的な傾向）は、直接的には次の二つの原因に由来した。

まず、産業的能力と科学的能力は、事の成り行き上、それぞれ軍事的権力と神学的権力の敵対者にならざるをえなかったということ。

次に、この二つの能力は、両者の生成の過程がそうであったように、世俗的権力と精神的権力からはっきり独立した階級によって所有されたので、旧体制とはかかわりのない外部で確立されたということ。

まさにこの第二の原因こそ、将来的に二つの能力が十全に展開できることを保証すると同時に、古い体制とは対立し、相容れるものではないという消し難い根本的性格を両能力に刻みつけたのである。

現在まで、こうした重要な指摘にほとんど注意が払われてこなかったので、いささか詳しくこの点を説明する必要があるだろう。

土木・工芸の運営がすべて封建階級の人間によって結局のところ指導されているロシアのような国でいまもなお存続している社会状態のもとでは、産業的能力は軍事的権力に本質的に対立するものであるとか、また別の社会体制に対応すべきものであるとか、そういう形で姿を現すことはまずありえない。産業的能力は自分に固有の性格をまだ獲得しておらず、手工業者たちはどこまでも軍人の手中にある受動的な道具にすぎないからである。これは、学問の研究がいまだ神学的権力の手に握られていた点で、科学的能力にとっても事情は同じである。こうした事態は、文明の当初から古代オリエントの神権政治にも見られたものであり、さらに遠く中国まで及んでいる。確かに当時まで、科学的能力はどこまでも聖職者による支配の道具でしかなかったのである。

われわれが出発点においた記憶すべき時代まで、ヨーロッパの状況はまさにこうだったのである。

自由都市の解放以前には、農業・商業・製造業はわずかしかなく、世俗的権力による支配とはいかないまでも、トータルとして、少なくともその権力に完全に依存していた。

同様に、アラビア人がヨーロッパに実証科学を導入するまでは、わずかな知識もすべて精神的権力の手中にあった。

ここで注意しておきたいのは、かかる事態が存続していた限りで、古い体制は永遠の生命《いのち》を保障されていたという点である。その理由は、新体制への移行を促す二つの要素〔産業的能力と科学的能力〕が二つの古い権力〔軍事的権力と神学的権力〕に盲従していただけでなく、まさにそれが原因となって、この二つの能力が発展しようにも、いつまでも足止めを食わされてきたからである。

科学と技術は、それが単なる道具だと考えられている限り、ごく低いある一定の水準を超えて高まることなどまず無理だろう。これは中国やインドで認められることである。

逆に——これはヨーロッパへの実証科学の導入直後に起こったことだが——自由都市が解放され、実証科学が世俗の人々によって主に研究されるようになるや、事態は様相を一変した。

第一に、この二つの大きな出来事〔自由都市の解放と実証科学の導入〕によって、技術と科学はさらに十全な発展を遂げるためにのびのび前進できるようになった。この出来事のおかげで、二つの実証的能力〔産業的能力と科学的能力〕は人類の寿命が続く限り、どこまでも発展できるようになったのである。

第二に、この時以来、産業的能力と科学的能力は古い体制から永久に解放され、この体制の外部で確固とした地歩を築き、独特な固有の地位を獲得した。ところで、私に味方しない者は私の敵である〔「マタイ福音書」一二—三〇〕という諺にもあるように、この両能力は古い体制の道具に甘んじるのをやめるのと引き換えに、必然的にその敵にならざるをえなかったのである。

それゆえこの大変革は、社会のなかに産業の力と科学の力という二つの新しい力を生み出した。両者は当初から、しかもこの出自そのものからして、古い政治秩序の敵対者であると同時に新しい秩序の構成員でもあるという二重の性格を永遠に帯びることになった。

この時代以来、封建貴族と神学がそれぞれ工芸と観察科学に抱き続けた軽蔑と憎悪は、どこまでもこの対立を増幅させ、さらにそれを先鋭なものにした。

このように、十一世紀に生じたこの変革は古い体制の解体原理と同時に、新しい体制の萌芽も含んでいたのである。

この時代以降の歴史は、そもそもこの二重の社会状態の帰結であり、展開でしかなかったのである。第一系列において、われわれは前者の観点〔古い体制の解体〕からこの展開を考察した。そこで今度は、後者の観点〔新しい体制の萌芽〕から、もっぱらこの展開を辿り検討することにしたい。

新しい体制の漸次的な組織化が学者・芸術家・手工業者らによって、十一世紀から今日まで一貫した方法で、あらかじめよく練られたプランのもとに行われてきたと考えるのは、確かに馬鹿げていよう。いかなる時代であれ、文明の前進は、一人の天才によってあらかじめ立案され、ついで大衆に採用された進路に沿って行われたのではない*。そんなことは事物の本性からしてもまったく不可能である。なぜなら、人間精神の進歩という至上法則は一切のものを導き支配しており、この法則にとって人間は道具でしかないからである。この力はわれわれに由来するものだとはいえ、太陽系で地球を公転させている原動力をわれわれが好き勝手に変化させるわけにいかないのと同様に、この力の影響から逃れることも、その作用を操ることも、とてもわれわれにできるものではない。

＊古代の立法者と哲学者が犯した重大な誤りは、自分たちの計画を文明の進路に合わせるべきであったのに、逆に文明の進路を自分たちの体系的見解に無理に従わせようとしたところにある。もっとも、この誤りは、彼らにとっては許容の範囲内の至極当然のことであった。というのも、人間はまだこの時代、あまりに文明の起源に近いところにいたために、文明が進路を通過していることを観察できず、それがどのような進路を通過したのかも確認できず、ましてこの進路が人間の影響圏外にあることなど知る由もなかったからである。
　こうした真理をはっきり認識することができたのは、ア・プリオリ〔先験的〕にではなく、あくまでア・ポステリオリ〔経験的〕にであった。言い換えれば、政治学は観察に依拠する以外に科学にはなりえず、しかも観察は長いこと文明が存続し続けた後でしか行いえないからである。一つの理論が壮大な経験をもとに確立されるためには、複数の大国の多くの人々から支持を取り付けた社会秩序の体系が樹立され、しかもできるだけこの体系が継続している必要があったのである。

　われわれが影響を及ぼすことができるのは、副次的な効果だけである。われわれにできるのはせいぜい、法則によって盲目的に突き動かされるのではなしに、法則がわれわれに命じる進路を理解しながら、原因を認識してこの法則（われわれの真の摂理である）に服すことぐらいである。ついでに言っておくと、現代まで哲学的に大幅な改善の余地が残されているのがまさにここである。しかしそうであるのに、出来事の動作主体たる人間がある計画に沿って行動するのと同じように、うまく〔因果が〕連鎖し合っている一連の出来事をわれわれが政治秩序のなかに見出せるのであれば、この連鎖関係を際立たせるためにこうした仮定*を用いることがどうして許されないのか[15]？　物理学の世界では諸現象の全体をわかりやすく示すために無機物にすらいろいろな意思や意図を与えることはよくあることであり、ここでも――もちろん現実離れがあまりひどくない場合に限られるが――物理諸科学で採用されるこうした慣例に倣っているにすぎない。ところで、一連の出来事を連鎖関係に配置する不可避的必然性と、これらの出来事に筋道を与える熟慮された計画は、両者結果的にかなり類似しているので、以下では、新体制の辿る進路が新体制の諸要素が誕生した段階ですでにその状況から決定づけられていた点を見ることにしよう。

＊もっとも、科学が初めて実証的になるのは主に観察された事実に基づいて確立された時――そしてその正確さが広く認められた時――であるというのが事実だとしても、われわれの知識が初めて科学的になるのは、どの分野であれ、その分野の基礎に役立つもろもろの事実が仮説の助けを借りてすべて連鎖関係のもとに置かれる場合だけだということも（あらゆる実証的分野における人間精神の歴史を見れば）同様に異論の余地はないと、私はすすんで認めるものである。
　それゆえ政治学が科学となった暁には、その他の諸科学の場合と同じように、政治学においても仮説が用いられるということ、しかも私が先に指摘した精神によって用いられることは疑いない。

平民《コミューン》はその解放以来、自分たちにふさわしい土台に依拠して社会の組織化を次第に準備していったが、われわれはその際に彼らが従った方針とはおよそ次のようなものだったと考える。

すなわち、人類に最大の利益をもたらすように可能な限り自然を改善するために、もっぱら自然に働きかけることだけに努め、事物に対するこの全面行動に人々を一丸となって向かわせるよう、ひたすら彼らに働きかけるという方針である。

端的に言えば、学者と手工業者らが当初から変わることなく一貫して辿ってきた単線的な進路がこれであり、学者たちは自然を知るために自然を研究し、手工業者はこの知識を人間の欲求と願望を満たすために用いることを唯一の目的としてきたのである。

このような歩みは非常に賢明であったので、仮に学者と手工業者たちが当初から自由な議論を重ねてあらかじめ立案された考えに従って行動できたとしても、これに優る進路は取れなかったであろう。

要するに、以上の方針はまったく非の打ちどころがないのである。したがって、今日われわれがなすべきことは、これまで個別に考察されてきた社会行動のあらゆる分野をわが先人たちが段階的に社会全体の方針へと結びつけてきたのと同様に、この方針を（いささかの変更も加えずに）社会全体の方針に応用することだけである。

決して誰かに案出されたわけでも、感じ取られたわけでもないのに、この方針通りに事が進んできた理由を説明するのは簡単である。まずはこれを説明してから、この方針が成功を収めた理由をざっと述べることにしよう。

平民は、その解放という事実そのものによって、これまで平民各人にのしかかっていた個人的隷属状態から脱した。だが平民は、軍人と神学者の集団が手工業者と学者の集団に及ぼしていた集合的隷属状態になおも服し続けたのである。

この隷属状態は当初はとてつもなく重くのしかかり、平民の力も微力であったため、彼らはそこから逃れようなどとは考えも及ばなかった。だが平民にとって一見すると有害であるようにみえるこの障害こそ、実は彼らの努力を確実に成功へと導くものであった。というのも、この障害のおかげで平民は脇道に迷い込むことなく、抗いがたい必然性から実は最良の進路を辿るように促されたからである。権力の分け前に与ることはおろか、集団的専制から逃れることさえ思いも及ばない平民は、産業的能力と科学的能力を最大限発達させるために、彼らが獲得した個人的自由をひたすら有効に活用することだけを目指したのであった。

学者は観察と実験を通してその法則の認識を深めるために、手工業者はその知識を必需品や有益品の生産に利用するために、それぞれ自然に対して働きかけることだけに専念した。まさにそのすべてが、われわれの境遇を改善するように導いてくれる自然な傾向にどこまでも従ったものだったのである。というのも、平民の政治的劣位という事実そのものからして、自然へ働きかけることだけが、自らの社会的条件を改善するために彼らに開かれた唯一の道だったからである。以上から、どんな力が平民に作用して、先ほど私が指摘した方針に彼らが知らないうちに従ったのかがこれではっきりと了解されよう。

この方針が平民の真の利益にいかに合致したものであったかを理解するために、まず一つの仮定をしてみよう。すなわち、私が思い描いたような事態とは最初まったく異なっており、平民はその解放から早くも、当時存在していた政治的最高権力の行使に全面的に加担していたと想像してみたまえ。この場合、平民はこの権力をどうしただろうか？　いったい何が起こるだろうか？　おそらく次のようなことが起こっただろう。

平民は権力に取り入ることによって、産業的能力と科学的能力の発展という真の目的を見失ったというのがそれである。少なくともこの発展はどこまでもさらに緩慢となり、その結果、平民はもっと長いこと軍事的権力と神学的権力に従属し続けたであろう。なぜなら、論証の力を味方につけた公共の利益の力が大きく発展しなければ、迷信の力を従えた物理的な権力を敵に回して平民が大勝利を収めることなど不可能だからである。だから、われわれも知っているように、イギリスであれ、フランスであれ、王権と封建貴族が争っていた時代に、平民は、世俗的権力の二つの勢力〔国王と貴族〕の一方が当時それぞれの国で自分たちに授けてくれた立法権の恩恵を活用することに、つい最近の時代までほとんど関心を示さなかったのである。*

＊　世俗的権力の一方の勢力に対抗するために、平民がもう一方の勢力と同盟を結んだことは、フランスでもイギリスでも、手工業者と学者には確かに極めて有益であった。しかし、ここでわれわれが検討しなければならないのはこの関係ではない。つまり、この同盟が検討されるべきは、旧体制の崩壊との関係〔第一系列〕においてであって、新体制の組織化との関係〔第二系列〕においてではない。それゆえ、私はこの同盟を観

察の第一系列においてすでに考察した。

古い体制と同盟を結んで手に入れた立法権の恩恵に与ることに平民がほとんど関心を示さなかったという事実は、とりわけイギリスにおいて——この国はどこよりもこの種の政治的進歩を迅速に成し遂げたにもかかわらず——顕著であった。よく知られているように、課税の決定に平民が発言権を獲得し始める以前は、彼らは、議会に代表を送るのはかなり厄介なことだと考えていた。というのも軍人たちが平民を議会に呼んだのは、事情をよく心得た上で彼らから搾り取ろうとして、彼らの支払い可能なものを単に報告させるためでしかなかったからである。


それでは平民が辿った進路の利点について実地に検討してみよう。

平民は、軍人や神学者による社会全体の支配方式など気にもとめないで、いわば旧体制など目もくれずに、自然への働きかけという唯一の目的のためにもろもろの個別の仕事（こうした仕事を自由に行えることが彼らを自由にした）をすべて組織した。平民は、このように賢明に振舞えば、既存の諸権力の不興を買うことはないという自信だけでなく、自分たちに好都合な保障や、権力行使の妨げにならない限りのあらゆる支援をそこから受けられる保障までも手に入れた。それどころか、平民は、自然へのさらに大規模な働きかけと、そこから彼らに集まった富と名声によって、彼らに重くのしかかっていた支配権の大部分を片っ端から買い戻すことができると確信したのである。

最終的に、平民は、産業的能力と科学的能力が段階的に開花すれば、自分たちはますます大きな力を獲得し、これによって権力者たちとほぼ対等に肩を並べ、さらには将来的に彼らをやり込めるほどの実力を手にできるとさえ期待するようになった。そして実際、それは今日可能となったのである。

自分の幸福のすべてを、ひたすら専制権力を行使する喜びのなかにしか見出せないような連中は、(16)人間の本性としては幸いなことにごくまれな例外にすぎない。ほとんどの人間は、権力が自分たちの手に届く場合にこれを手に入れようとするが、決して権力を目的としてではなく、手段として手に入れる。これは支配欲に起因しているというより、* むしろ自分たちが怠惰で無能であるために、皆と一緒に労働する代わりに他人を働かせて快楽を享受するほうがずっと便利だと心得ているからである。

＊　この支配欲は、確かに人間から根絶できないとはいえ、文明の進歩のおかげで大幅に解消されており、少なくともその不都合は新体制ではほとんど駆逐されている。実際、自然の開発が活発になるにつれて、かかる欲望の行先は変化し、物的対象へと向けられるようになった。人間を支配したいという欲求は、自然を自分たちの利益になるように作り上げたり、作り直したりする欲望へと徐々に変わっていったのである。

万人に生得の支配欲はこれ以来無害となった。少なくとも、それが有害であることをやめて無害になる時代の到来をわれわれは考えられるようになったのである。そういうわけで、文明は知性の観点だけでなく、(17)情念の面でも人間のモラルを改善したのだ。人間組織の諸法則に倣えば、この後者の生命作用〔情念〕はおのずから改善されることはないとはいえ、前者のそれ〔知性〕が情念に働きかける影響によって改善は可能なのである。

結論として言えば、ほぼすべての人間の主な欲求は、人間の支配ではなく、自然の支配にある。自然の事物に対する働きかけの結果として得られる文明的利益の享受が絶対的権力の行使と相容れない時に、この権力とすぐにでも手を切ろうとしない者は、言うなれば人間ではない。ベンガルでひと財産築き、インド人の軍人たちに容赦ない権勢をふるったインドの地方総督だったイギリス人は、母国に帰れば最下級の水夫にさえ偉そうな態度を取ることもできず、少しでもそんなことをしたら身の危険を冒すことにさえなるのを重々承知の上で、それでも彼は快適な人生を送りたいと願ってヨーロッパに帰れる日を待ちこがれた。このように、自然に対する一定規模の開発を手に入れるためには、支配欲をある程度犠牲にするのも仕方がないのだと人々に説得すれば、大多数の人間の賛同を得ることは間違いない。

解放以来、平民がとってきた政治的方針が成功を収めたのは、それゆえ人間組織[18]に根ざした法則に基づいていたのである。

以上をもって、われわれは、新しい社会体制の諸要素が段階的に組織されるにつれて現在までになされたすべての重要な進歩の原因を説明したものと考える。実際、この進歩は、われわれがこれまで説明してきた非常に単純かつ完璧な方針に平民が常に従ってきたという、まさにその一貫性に起因している。確かにこの方針とは無関係な出来事であっても、その方針の成功を促したに違いないが、究極的にはその成功の要因はやはりここにある。それゆえ、われわれに残されていることは、この進歩の概要を扱うことだけである。

これまでの叙述では新体制の展開を世俗的な面と精神的な面において説明してきたが、混同を避けるために、まずは平民大衆が成し遂げた進歩を、平民の世俗的指導者や精神的指導者らによって行われた進歩から区分しなければならない。それに加えて、われわれは、新体制の社会的《シヴィル》進歩と政治的進歩をそれぞれ別々に考察する。われわれが新体制の社会的進歩というのは、古い体制とのあらゆる関係を捨象して検討された、それ自体の固有の発展のことであり、政治的進歩というのは、全般的な政治的方針の形成に際して古い体制が新体制に及ぼした影響及び、新体制が手に入れた立法権の恩恵のことである。

最初に、新体制の社会的進歩と政治的進歩を世俗的な面から考察しよう。まずはその社会的進歩についてである。

自由都市《コミューン》の解放以来、土木・工芸が成し遂げた巨大な進歩については、たとえ簡略的でも、改めてここでそれを再説する必要はあるまい。ただ、この進歩が新体制の形成に関係する限りで、それを検討するにとどめよう。

この時代以降、産業的能力は、想像力をフルに働かせてもその正確な一覧表など作れないほどの発展を経験した。当時まで知られていた技術はすべて驚くほど改善され、これまでとは比較にならぬほど多くの新技術が開発された。農業生産物は驚異的な割合で増産された。商業関係も計り知れぬほど改善されるとともに、特に新世界の発見以来、大規模な拡張を遂げた。要するに、自然に対する人類の活動は、計り知れぬほどの割合で増大したのであり、言うなればこの時になってようやくこの活動は本当の意味で開始されたのである。

こうした活動が活発になった結果として、文明諸国に住む人類の大多数は、人口が著しく増えて便利品・奢侈品が同様のペースで消費されたにもかかわらず、生活必需品を豊富に享受し、それにほとんど困らなくなった。

この改善が新体制の世俗的な組織化にもたらした主要な結果は以下のようなものであった。平民《コミューン》は優越的な影響と威信を徐々に獲得した。社会内にあるすべてのものが平民の影響下に入ったのである。実質的な力はすべて彼らの手中に落ち、火薬が発明されてからは軍事力さえも彼らの意のままになった。

火薬の発明は、一方で、剣術によって軍人が獲得してきた手工業者に対する物理的優位性を消滅させ、この発明のおかげで手工業者は軍事教育を受けずとも暴力から身を守る手段が保障された。他方で、火薬の発明は戦争のシステムを産業技術と観察科学に全面的に依存させた。同時に、このせいで戦争は徐々に費用がかさみ、借金なしにはもはや遂行できなくなった。その結果、平民から借金をせねばならなくなった軍事的権力は彼らに完全に依存するようになった。要するに、産業的能力と科学的能力が協力を拒絶すればもはや戦争が行えなくなるほどにまで事態はますます進行していったのである。

次に世俗的な面における新体制の政治的進歩について言えば、それは社会的進歩の直接的で必然的な帰結であった。平民は、彼らが多くの富・威信・社会的地位を手に入れるにつれて、社会の全般的指針に対する影響力と直接的な政治権力をも手に入れたのである。

この点から平民の歩みを考察すべきであるのが、主としてイギリスである。というのも、平民の歩みが最も際立っていたのがこの国だったからである。*

＊　解放とほとんど同時に、平民はフランスでも、イギリスでも、三部会の開催に協力するよう求められた。しかし、フランスではその後、何の成果も上がらなかった。

この機会に述べておきたいことは、文明ヨーロッパ諸国のほぼすべて、とりわけイタリアとドイツにおいて自由都市《コミューン》の解放直後に産業社会を組織するためになされた試みを全部考慮に入れるべきだと私が考えたわけではない点である。どこまでも新体制の目覚めでしかないこうした試みはまったく長続きしなかった。というのもそれらは組織的な性格を持っていなかったし、持ちえなかったからである。

あまりにも性急に現れたために、これらの試みはそのアイデアをはっきりさせるどころか、むしろ混乱させてしまったように思われる。

イギリスの議会でまずは課税決定に一種の発言権を得るところから開始した平民《コミューン》は、徐々に議決権も手に入れ、ついには平民に課税決定権が特別に認められるようになった。この特権は一六八八年の革命〔名誉革命〕の結果、基本原則として最終的に確立された。

同時に、全般的な政治的方針の策定に平民が与える影響はますます大きくなっていった。この平民の影響力は、同時代のイギリスで、社会の繁栄は産業に依拠していること、したがって政治的方針は平民の利益に立って考察されねばならぬことを、旧体制が原則として認めるところまでその高まりをみせた。新体制に有利に働いた、この二つの原則に関する旧体制の方針転換は、その社会が全体的にはなおも旧体制に掌握され続けていたなかで、可能な限り押し進められたのである。

平民が踏み出したこの一歩は確かに極めて重要であったが、これをあまり過大評価しないこともまた大切である。というのも、単なる方針転換を体制全体の変革のように考えるべきではないからである。

課税決定の独占権が平民に認められたことで、原理上は、最終的な政治権力が彼らに与えられてもおかしくなかった。しかし実際には、この独占権は現在まで平民にほとんど役立っていない。なぜなら、平民は事実上この権利を行使しなかったからである。平民の議会と称されている下院は、実際には国王と封建貴族の一種の付属品でしかなかった。それはどこまでも旧体制の道具だったのである。同様に、政治的方針は産業の利益になるよう考慮されるべしという、イギリスの世俗的権力が認めた公準も、今日まで平民には本当にごくわずかしか役立たなかった。なぜかと言えば、旧体制は、それが政治的方針の立案を担当し続けたのはもちろん、新体制が最終的に組織されるまで同様の機能を必然的に担わねばならなかったので、平民の幸福に貢献しようにも、旧体制に特有の行動手段――つまり暴力と策謀――しか平民に与えることができなかったからである。そういうわけで、かの有名な航海条令[19]以来、世俗的権力は平民の利益に尽くすつもりで計画的に戦争を仕掛け、マキアヴェッリ的方策を打ち出したのであった。

このように、イギリスの議会制の確立は、旧体制をひたすら修正したものにすぎず、どこまでも新体制への移行手段でしかなかったとみなされなければならない。この観点においてのみ、それは平民に有益であったにすぎない。というのも、議会制の確立という出来事をもっぱらそれ自体において検討してみれば、この出来事の影響は結果的に新体制にとって有益であるのと少なくとも同程度に有害であったからである。

イギリス流の憲政を最近受け入れたフランスは、われわれが検討してきた二つの点でついにイギリスと肩を並べた。ただ、この変革はずっと進んだ文明期〔十八世紀末〕に行われたので、さらにもっと徹底していた。議会制が確立される前にすでに封建制が打倒されていたので、旧体制の修正はイギリスよりもはるかに大規模なものとなったからである。平民の利益が政治政策の目的であり、レギュレータであるとする原則は、はるかに広範で全体的かつ支配的な性格を帯びたのだった。

要するに、政治体制の全面的な変革が強く望まれていた時代に、議会制がフランスで樹立されたという事実からして、議会制というものが持つ過渡的な性格がさらにはっきりとしたのである。

さて今度は、新体制の社会的・政治的進歩を精神的な面から検討してみよう。

ヨーロッパに実証科学が導入される前は、われわれの特殊的知識はすべて一般的知識とまったく同様に神学的・形而上学的であった。当時、自然現象に関する推論も少しは行われていたが、もっぱら宗教的信仰に基づくものだった。しかし、〔ヨーロッパに実証科学が導入された〕この記念すべき時代から、自然科学は次第に観察と実験に依拠し始める。とはいえ自然科学はごく最近まで、なおも迷信と形而上学とが混ざり合ったままの状態であった。自然科学は、十六世紀末から十七世紀初頭にかけて、ようやく神学的信仰と形而上学的仮説から完全に解放されるようになった。自然科学が真に実証科学へと成長し始めたのは、まずこの大変革の最初の狼煙を上げたベーコン、次に彼の同時代人であり、この変革の最初の実例を提供したガリレオ、そして最後に、知識人たちにのしかかっていた学問的権威の重圧を完全に一掃したデカルトといった人々の時代までさかのぼらなければならない。自然哲学が産声を上げ、科学的能力がその真の性格、すなわち新しい社会体制の精神的要素の性格を獲得したのはまさにこの時代なのである。

この時から、もろもろの科学は、それらが実証的になるために従うべき自然の順番――すなわち人間とのかかわりが強いのか、あるいは弱いのかに応じた順序――通りに、相次いで実証的になっていった。こうして、まずは天文学が、ついで物理学、化学が、そして今日生理学が最後に実証科学となったのである。それゆえ、この大変革はわれわれの特殊的知識のすべてにおいてあまねく遂行されたのであり、そして今日明らかに、哲学、道徳、政治学にも同じことが行われようとしている。というのも、哲学、道徳、政治学はいまだ観察に依拠していないとはいえ、知識人たちからみれば、これらの学問に対する神学的教義や形而上学の影響はすでに一掃されているからである。新しい社会体制の精神的発展のためになさねばならぬ唯一のものがこれである。

諸科学が実証的となり、その結果絶えずますます大きな進歩を遂げるにつれて、次第に多くの科学的思考が公教育のなかに浸透していったが、それと並行して宗教的教義は徐々にその影響力を失っていった。これら科学のための専門の学校も設立されたが、そこでは神学と形而上学の影響はいわば無に等しいものだった。要するに、今日では、各人の考え方は最も凡庸な市民から才人に至るまで、ほぼ全体として実証科学と結びついたのであり、これと比べて、古い信仰のほうはそれが最も行きわたっている階級でさえごくわずかな場を占めているにすぎず、それほどにまで人間の精神状態はこの点で全面的に変わってしまったのである。

このように宗教的教義は、道徳が依然としてこれらの教義に負っているところがある限りでしか、人心への影響力はないといっても過言ではないのである。この影響力は、われわれの特殊的知識においてすでに行われた変革を道徳が引き継いで実証的になる日まで間違いなく続くであろう。だがこの日が来れば、神学的信仰の支配はただちに永久に消滅するであろう。というのも――これはまったく自明のことだが――われわれの考え方の細部に至るまですべてが実証的になっているのに、一般的紐帯として役立つはずの思想〔道徳〕が迷信にとどまっているような事態はどこまでも一時的な状態でしかありえず、仮にそうでないとしたらこの状態は事物の一般的な歩みと矛盾をきたすだろうからである。

精神面における新体制の政治的進歩も、世俗面でのそれと同様、新体制の社会的進歩の必然的帰結であった。

十三世紀に興った観察科学の教育のために最初の学校が創設されて以来、フランス王権とイギリスの封建貴族はますます諸科学を一貫して奨励し、学者たちの政治的地位を引き上げた。フランスの王権は、学者たちの専門領域に関することは彼らに相談して、彼らの同意を取り付ける習慣を徐々に身につけていったが、このことは神学的・形而上学的思想に対する実証科学思想の優越性を暗黙裡に認めることを意味した。

わが国王たちは、最初のうちは単に褒められるべき活動としか考えなかったものを、少しずつではあるが一つの当為だとみなすようになり、最終的には科学を援助して学者の決定に従うことは義務であると認めた。ルイ十四世の治下にコルベールによって科学アカデミー[20]が創設されたが、これはまさにこの原則の厳かな表明の一つである。それと同時に、アカデミーの創設は、新体制の精神的要素の政治的組織化への第一歩でもあった。

この時代以降、アカデミーの数は、知識人たちへの科学的能力の働きかけを通じて、ヨーロッパのあらゆる地域で驚くほど増加した。それは規則的かつ合法的に設立されていった。これに比例して、その政治的権威も同じように上昇し、国民教育の方針に対してますます大きな直接的影響を及ぼしたのである。現在、学士院の第一部会〔物理・数学部会〕に与えられている法的権限をこの観点から眺めてみた場合、この権限は——誰しも認めるところだろうが——それが最大限可能なところまでほぼ浸透しているとはいえ、それを行使する団体が道徳教育の任にあたるまでには至っていない。[*]ところで、これが実現するとすれば、道徳が実証科学となる時代しかないであろう。したがって、この点からして、われわれがこれまで検討してきたすべての点においてと同様、旧体制は新体制に席を譲ったのであり、可能な限り新体制への道を切り開いたのである。もはやわれわれは、この新体制を組織することでしかこれ以上先に進むことはできない。

＊ 一般論として、国民教育の管理と道徳教育は同一の手中に握られねばならないのは明白であるし、両者を分離させるのは不条理であろう。したがって、道徳がもっぱら宗教的信仰にのみ依拠し続ける限り、教育の全面的な管轄権が結局のところ神学団体に、少なくとも神学的な精神の手に帰するのは避けられないであろう。

それゆえ、イエズス会士あるいは宣教師やその他の宗教団体に対して今日激しく反対している人々は、こうした修道会の影響の残滓を一掃する唯一の手立ては道徳を事実の観察に基づけることなのだということを痛感するに違いない。この種の仕事が果たされるまでは、こうした非難は大部分が見当はずれなので、どれもほとんど無駄であろう。

科学的な活動がヨーロッパ各国でそれぞれ次第に形成され広まっていったのと同時に、いろいろな国の科学的諸力もますます有機的に結びつくようになった点に着目しなければならない。国民性《ナショナリティ》の感情は（この点では）完全に追い払われてしまい、ヨーロッパのすべての国の学者たちは堅固な同盟を作り上げ、どんなローカルなところで行われた科学的進歩もすべてヨーロッパ全体のものにしようと常に心掛けたのであった。旧体制が抵抗しようにもなんらその術を持ちえなかったこの神聖な同盟は、新体制の組織化を妨害するために、あるいはただひたすら遅延させるためにヨーロッパのすべての銃剣を集めても及ばないほど、新体制を組織するのに長けた力を持っているのである。

これと同じような同盟関係は、ヨーロッパのいろいろな国のさまざまな産業的能力の間でもある程度まで形成されたが、しかしこれは極めて弱いつながりでしかなかった。国家間の敵対感情、つまり旧体制が生み出して後生大事に維持してきた残忍で馬鹿げた祖国愛を吹聴することが、世俗的な面ではなおも大きな影響力を保持していたからである。新体制を組織するためのヨーロッパ諸国の同盟が精神的な面においてしか開始できない理由がここにある。世俗的能力の同盟は、精神的能力の同盟を待って、初めてその成果の上に形成可能となるであろう。

最後に着目すべき重要な事柄は、新体制のこの二つの要素〔精神的能力と産業的能力〕がそれぞれ別々に最終的な政治的組織へと向かう国民的進歩とヨーロッパ的進歩を実現させるにつれて、両要素の同盟およびその帰結としての体制の形成も同じようにますます前進したという点である。学者・芸術家・手工業者たちを媒介する階級、すなわち技術者階級が誕生した瞬間から、この二つの能力の連携が開始されたとみなすことができる。この連携はますます大きくなり、今日では学者の共通見解はもちろん、（度合いはいささか劣るとはいえ）手工業者の見解においても、科学と技術の真の使命は、前者が自然を理解するためにそれを研究し、後者がこの得られた自然の知識を応用して、人間の利益になるよう自然を改造するために両者を有機的に結びつけることにあると考えられるまでになった。

とりわけフランスとイギリスにおいて、公私にわたる多くの施設・制度が科学と技術の協働に取りかかり、この原則に血を通わせた。フランスで言えば、工芸院〔一七九四年創設〕やそれに連なるさまざまな学校、あるいは産業振興協会や土木学校〔一七四七年創設〕などがそれにあたる。

このように新体制のこの二つの要素は、それぞれがますます完璧な組織化を目指し、旧体制にまつわる要素を最終的に凌駕するに至ったばかりでなく、両者の同盟からさらなる進歩が実現されたことで、社会を指導するために一丸となって互いに協力できるようになったのである。

ここまでは、われわれは新体制の世俗的指導層と精神的指導層によってなされた社会的・政治的進歩だけしか考察してこなかった。次になすべきことは、新しい社会組織へと向かう平民大衆のこれまでの歩みを観察することである。

この前進には二つの面がある。まず、世俗面でも精神面でも、新体制のもとで生活する能力を平民大衆が獲得したということ。次に、新しい精神的指導層と世俗的指導層の影響下で大衆が次第に協力し合うようになっていったことである。

国民が世俗面では暴力的な物理的支配に服従することなく、また精神面でも盲目的信仰の支配に従属することのない社会秩序の体制下で生活できるようになるためには、国民はある程度の世俗的・精神的能力を獲得しておく必要がある。世俗面で秩序を重んじ、倹約に努め、労働にいそしむある程度の習慣が身についていない人間や、精神面でもある程度の教養と先見の明を持っていないような人間は解放されるどころの話ではない。こうした人間は紐をくくりつけてでも引っ張っていくより仕方がない。一国民についても事情は同じである。国民がこれらの条件をまったく満たさない限りは、どこまでも専制的に統治されるよりほかはない。そういうわけで、たとえば、目の前の空腹を満たすために種麦を食べてしまうようなロシアの農奴は、いまだに個人的自由を享受することさえできていないのである。彼らがもっといい習慣を身につけてもいないうちに解放させようとしても、それは成功の見込みのないまったくの絵空事であろう。これに対してフランスでは、国民全体が種麦に手をつけず、それを横目に空腹に苦しんだとしても、民衆はもはや支配される（つまり命令される）ことを望まない。秩序を維持するには、国民共通のもろもろの利害関心にうまく折り合いをつけるだけで十分なのである。

精神面でも同じことが言える。たとえば呪術師に対する信頼《クロワイヤンス》が厚く、重要な案件について彼らに言われるがままに従うような国民は、もっと知識ある人々によって積極的に精神を鍛えてもらう必要がある。このような国民が、自分たちだけで物事を進めようとすれば、間違いなく不利益を被らざるをえないだろう。だが逆にこれも明らかなことだが、国民の大多数が自らの知識をもとに日常生活の諸問題に対処する術を身につけ、そのおかげではからずもわれわれが先に提起した二つの条件を満たせるようになるや、ただちにこの国民が〔呪術師に〕支配される必要はまったくなくなる。というのも、彼らはいかなる社会の安寧も脅かすことなく、自分自身で行動できるからである。しかも、命令という行為が無用となる時代であれば、彼らに対する命令はすべて、それが社会の安寧の維持に役立つというよりもむしろそれを揺るがすことになるとさえ言いうるのである。

自由都市《コミューン》の解放以来、フランス国民の大多数は新体制下で生きていくだけの習慣を徐々に身につけ、そのための十分な知性も獲得した。奴隷制は廃止され、まさにこれによりすべての個人が所有者となった。つまりそれ以来、言葉の厳格な意味でまったくの無産者《プロレテール》というものはもはや存在しなくなったのである。この自由都市の解放に起源を持つ産業的所有は、それが登場してこの方、土地所有よりもはるかに大きな能力が本質的に必要となる点に着目することは適切でさえある。なぜなら、耕作は〔他人に任せて自分では〕行わずに土地だけを所有しているだけなら、土地の資産だけは減らさないよう十分配慮しつつ土地の上がりで生活するという能力さえあればよいからである。能力を要するのは耕作者であって、土地の所有者ではない。

所有者となった国民は秩序を守り労働にいそしむ習慣や、財産に対する将来の備えと尊重の態度*を徐々に身につけるとともに、フランス、イギリス、そして北ドイツにおいて第一級の教養を幅広く獲得した。

＊　国民の最下層が絶対的権力を握っていた一七九四年、恐るべき飢饉に見舞われたこの時、下層民たちは社会の安寧を一時も乱すことなく何千人も餓死したが、これをみる限り、フランス国民は財産を尊重すべき術を心得ていると十分言える。

なるほど、この二つの点、とりわけ後者の点〔知識の獲得〕からみて、やらなければならないことはまだたくさんある。しかし、大幅に改善は進み、もはや威圧や信仰によって国民が支配される必要はなくなった。国民は新しい体制のもとで協力する仲間となって生活していくのに必要な能力を獲得したのであり、というのもこの体制の統治活動は、自然に対する人間の全面的な働きかけという究極の目的を実現するにあたって、もろもろの労働をうまく編成するのに必要なことだけを行えばよいからである。

実際、今日では社会の安寧はこれらの新しい習慣によってしか根本的に維持できない。治安維持の点から言えば、世俗的権力の持つ軍事力はどこまでも副次的にしか役立たないし、[＊]地獄という精神的権力の脅しの武器も同様である。

＊　旧体制の活動は秩序の維持にはなおも必要である。しかし、その必要性もわれわれが検討してきた観点からではまったくなく、新体制がしっかり組織されるまでは、野心家や陰謀家たちが権力欲に駆られて社会の安寧を乱すのを単に防いでくれるという理由でしかない。このように権力を手に入れようと狙っているのは国民ではなく、社会の無為徒食の階級、すなわち今日では封建貴族とナポレオンの新貴族たちなのである。

次に、国民はどのようにして新しい世俗的な指導者と精神的な指導者のもとに徐々に結集していったのかを検討することにしよう。

〔まずは世俗面を取り上げる。〕自由都市の解放以前は、民衆の大多数ははからずも軍人を唯一の指導者としてずっと仰いできたが、逆に解放後は、徐々にこの指導者から離れると同時に、土木・工芸の親方たちの指導のもとに組織されるようになった。民衆は、親方たちに対する規律と服従の習慣をここで身につけたが、こうした習慣は彼らにとって厳しいものではなかった上、労働の秩序と社会のよき調和を維持するのにもまったく十分なものであった。

民衆が軍事的指導者と完全に手を切ったのは、シャルル七世治下〔在位一四二二－六一年〕の職業的常備軍の起源にまでさかのぼることができる。自由都市の解放からこの制度の設置までの間、民衆は二種類の指導者にほぼ同等に従っていた。すなわち、民衆は日常的な仕事に関しては産業の指導者の管理下にあったが、軍事的な仕事と訓練に関しては概して軍事的指導者の命令に従っていたのである。

だがひとたび職業的常備軍が創設されるや、軍人職は国民とは切り離された特殊な一群の人々が目指す対象となったので、もはや民衆の大多数は軍事的指導層とはなんの関係も持ちえなくなり、もっぱら産業へと組み込まれていった。軍人となった者は、もはや自ら民衆に属しているとはみなさなくなり、また周囲からもみなされなくなった。彼らは、新体制の仲間から旧体制の仲間に乗り換えて、平民《コミューン》から貴族となった。ただそれだけである。つまり変質したのは彼らのほうであって、彼らがかつて属していた体制のほうではまったくない。

常備軍制度は、今日では文明の進歩によって非常にコストがかさみ、無用の長物となってしまったが、このように当時は新体制を樹立するためにどうしても必要な過渡的存在であったのである。

今日の国民の状態を考えてみるがよい。そうすれば世俗的な面に関して、彼らはもはや現実には産業の指導層としか直接的で持続的な関係を持っていないことがわかるであろう。農民でも、製造業者でも、商人でもかまわないので、一人の労働者が日頃どのような人間関係のなかにいるのか想像してみるがよい。そうすれば、この労働者が日常的に接触して指示を仰いでいるのは、もっぱら農民・製造業・商人のいずれかの指導層であって、たとえば土地の所有者である大領主や、あるいは工場や商店の全部か一部を所有している無為の資本家では決してないことがわかるだろう。この労働者と社会の軍事的指導層との関係は新体制と旧体制との一般的な関係に全面的に従属しているのであって、もはやそれ以外の類のものではない。

ここで民衆の視点から考察すべきは、産業的指導層に対する国民の現在の協調関係と、軍事的指導層に対する民衆のかつての従属関係との間にある際立った根本的相違である。この相違から、旧体制と新体制の間にある最も重要で喜ばしいもろもろの対立の一つが浮き彫りにされるだろう。

旧体制では国民は指導者たちに服属していたが、新体制では彼らと結合する。軍事的指導者からは命令が下されたが、産業的指導者からはもはや指導だけである。前者において国民は臣下であったが、後者においては指導者の同僚である。これこそがまさに産業的結合の素晴らしい特徴をなすものであり、最も単純な労働者から最も豊かな製造業者や最も知的な技術者に至るまで、産業的結合に貢献する者は実はすべて協力者であり、仲間なのである。

いかなる能力もなんらの資力も提供しない人々がいる社会には、必ず主人と奴隷が存在する。もしそれが存在していないとすれば、労働者もこのような奴隷制の協定に同意するほど馬鹿ではない——彼らがそれを拒むことができればの話だが——ということになる。いずれにしても、この〔奴隷制の〕社会の端緒はまさに暴力から始まったとさえみなすことができる。これに対して、だれもが能力と資力を提供する協同社会 une coopération には真の結社《アソシアシオン》が存在し、ここには能力の不平等と資力の不平等以外の不平等は存在しない。この二つの不平等はどちらも必要なもの（つまり避けがたいもの）であって、これを消滅させることなど不条理かつ滑稽、そして有害ですらあるだろう。

各人は、その能力と資力に応じた社会的地位と報酬を受け取る。これこそ可能な限り望ましい最高度の平等をなすものである。もろもろの産業社会の基本的性格とはこれであり、国民が工芸の長たちに指導を仰ぎつつ獲得したものである。この社会の新しい指導者が国民に発する命令は、もはや正しい労働秩序を維持するのにどうしても必要なもの、つまりごくわずかな命令のほかには何もない。産業的能力は、その本性からして専制支配を推進することもそれを行使することもともに嫌悪するからである。その上、労働者の社会では万事がおのずと秩序を目指すということも忘れてはならない。なぜなら無秩序は結局のところ怠け者たちに常に原因があるからである。

最後に、産業・科学・芸術の進歩が生活手段の増大と無職・閑人の減少を実現しつつ、人心を啓蒙して習俗の洗練を進めることによって、貧困・怠惰・無知という無秩序の三大原因の解消へと徐々に向かっている点を観察すべきである。

〔次に精神面を取り上げる。〕世俗面に関してこれまで行ってきたものと同様の観察を、われわれは精神面に関しても行わなければならない。

実証科学がヨーロッパへ導入される以前、もっと正確に言えば科学が聖職者の手から世俗者の手に移る（この出来事はヨーロッパへの実証科学の導入の直後に起こった）以前は、民衆の大部分は神学的指導者によって精神的に支配されていた。民衆は彼らの語ることを信じ、事あるごとに伺いをたて、盲目的に彼らの決定に従っていた。また神学的指導者に都合のよい教義がそのまま彼らの教義ともなった。要するに、絶対的な信頼《コンフィアンス》や限りない精神的服従の習慣がこれらの点でどこまでも民衆に身についていたのである。しかし、実証科学がある程度の発展を遂げた時から、この信頼と尊敬の念は次第に聖職者から学者へと移っていった。

こうした変化は、すでに世俗領域で起こっていた同様の変化によって大幅に促進された。産業的に組織された民衆は、工芸などの自分たちの日常的な仕事が神学思想とはなんのかかわりもなく、日頃の職業的関心事についていかなる現実的な知識も神学者からは得られないことにほどなく気づき、しかも彼らが直接・間接に学者たちと交流できる場合には司祭に相談する習慣をほとんど捨て去り、実証的な知識を持つ学者たちと交わる習慣を身につけたのである。確かにこうした交わりはさらに望みうる理想的な親密さとはなおも雲泥の差があったわけだが、ただその原因はもっぱら、知的教養を身につけたいという願望が民衆に欠けていたというより、彼らがその術をほとんど持ち合わせておらず、彼らに有用な知識を持たせようとする配慮もほとんどなかったことにある。むしろ民衆はサロンに出入りする有閑の連中よりもずっと知識欲に飢えている。というのも彼らは自分たちの仕事にこうした知識が必要であることをすぐさま感じ取ったからである。こうして民衆は学ぶ機会を見出しては片っぱしから勉学にいそしんだ。もちろん民衆に対する科学的能力の影響は、将来的に実現されるそれと比べれば極めて微弱ではあったが、それでもこの影響は通常考えられているよりも遥かに大きいものであったことはやはり確かである。否定しえない明白な諸事実が証明するところによれば、民衆は中世に精神的権力の決定に与えていたのと同程度の信頼を、今日では学者の満場一致の見解に認めているのである。

このように、たとえば約百年前から民衆は天動説を誰も信じなくなり、こぞって近代天文学を受け入れ、かつての宗教的信仰に彼らが与えていたほどの確かさを今では天文学に認めている。民衆の見解がかくも変化した原因は何だろうか？　民衆が地動説の論証に精通するようになったからであろうか？　もちろんそうではない。こんな論証はフランスの全人口のうち三千人にもおそらく理解されていないからである。ではなぜ民衆はこの論証を信頼するかと言えば、それはこの学説に関する学者たちの見解がすべて一致していると彼らが認めたからにほかならない。

今日広く流布しているもろもろの観察科学の発見をすべて取り上げてみるがよい。その発見のどれもが同じように〔学者に対する信頼から〕民衆に広まったことがわかるであろう。このようにして民衆は血液循環や雷と電気の同質性等々を次々に受け入れてきたのである。とりわけ科学に関しては、論証を理解できない人たちはことごとく民衆である。空気と水の分析、万有引力の法則、光の分解、その他多くの天文学的・物理学的・化学的・生理学的諸発見に対して知識層の人々が認めたのと同じ信頼によって、民衆も少し遅れてこれらの発見を同じように受け入れるのである。

以上、最も明白な諸事実から証明されるのは、今日民衆は、世俗面での産業的指導者に対するのと同じように、精神面での科学的指導者に対しても信頼を置いて従っているということである。したがって私は、新体制では従属関係と同じく信頼関係も築かれていると結論づけてよいであろう。

ただもう一つわれわれがここで観察すべきことは、新しい精神的指導者に対する民衆の信頼は、その性質上、旧体制において民衆が神学的指導者に抱いていた信頼とはまったく異なる点である。旧体制における信頼は、各人に対して彼自身の理性の完全な放棄を要求するまったくの盲目的な精神的服従から成り立っていた。これに対して、学者の意見に対する信頼はまったく別の性格を持っている。それは、検証可能な事柄に対する諸命題、すなわちそれを判断するのに必要な能力を獲得・証明した人々すべてが一致して認めた諸命題に与えられる同意にほかならない。

実際には、事実は論証抜きで承認されている。その理由は単純で、その真実性を証明する〔学者の〕論証は難しくてとてもついてゆけないと人々が判断しているからである。この〔学者の論証への〕信頼には、その根拠が不十分であることを証明するような新たな論証が登場したり、あるいは一般に流布している見解を論駁するに足る知識を信奉者が手に入れた場合の厳しい反論の権利が常に暗黙裡に担保されている。それゆえ民衆はこの信頼によって理性の自由な行使を放棄する必要などまったくないのである。

学者の見解に対する民衆のこの信頼は、学者たちが互いに寄せる信頼よりも遙かに幅広いけれども、まったく同種のものである。

数学者は、生理学者の言うことを日頃から信用しているし、また両者は相互にそれぞれの部門に対して同様の信用を置いている。

同一の研究部門において学者たちが論証を理解してその当否を判断する前に、互いの意見をまず暫定的に信用するということは日常的に行われていることではないか？　たとえば、ラグランジュがお墨付きを与える命題を検討も加えずに頭から否認した数学者がいただろうか？

このような信頼《クロワイヤンス》は、科学においてはなんの不都合も生じない。なぜなら、この信頼はどこまでも暫定的なものだからである。学者に対する民衆の信頼もまさに同じ性格のものであって、違いはただ、常に一時的だと考えられているその暫定状態《コンフィアンス》が〔民衆においては〕いつまでも続くと思われているだけである。したがって、この信頼は民衆にとって決して屈辱的なものではなく、神学者への精神的服従から生じる有害な帰結のせいで民衆の利益が損なわれるようなことは微塵もないであろう。

科学に基づく専制政治がいつの日か行われはしまいかという危惧は滑稽な馬鹿げた妄想であって、どんな実証的観念ともまったく無縁な人々においてしか生じえないであろう。

以上から、民衆は世俗的にも精神的にも新体制に向けた準備が今日整っているのであり、この体制を確立する上での最大の難点はすっかり克服されている。この体制を最終的に樹立するために必要な仕事はこの大改革のおかげで可能な限り簡素化されたので、その結果、残りの仕事はすべて新体制の指導者と旧体制の指導者との関係だけとなった。

それゆえ民衆はもはやこの問題の当事者ではなくなったのである。

この問題はどこまでも民衆に利するように解決されるであろうが、そうであっても民衆はこの問題にとって部外者となり、受動的な役回りに徹するであろう。

民衆が恐れるべき唯一の危険、そして彼らがなすべき唯一の用心は、旧体制の凋落した権力を奪い合おうとする野心家どもの陰謀に乗っかって目的を見失わないようにすることである。

大体以上が、十一世紀以来の文明の進展を新しい社会組織の段階的な発展という見地から検討してみた場合にわれわれに見えてくるもろもろの主要な光景である。最後に、この有機的で巨大な歴史的底流の帰結をいくつかできるだけ簡略にまとめることにしたい。

第二系列のまとめ

われわれは次のような基本的な事実から出発した。自由都市《コミューン》(21)の解放とヨーロッパへの実証科学の導入によって、産業的能力と科学的能力という新しい社会体制の二つの要素が十一世紀に生み出されたということ。

そしてわれわれは次のような点を考察した。

一、新しい社会体制のこの二つの基本的な能力は、旧体制が依拠してきた諸権力とは異質な土台の上に確立されたということ。

二、この二つの能力は旧体制の外部で、それとはできるだけかかわらぬように創出されたということ。

三、平民たち《コミューン》、ないしこの二つの並び立つ能力〔産業的能力と科学的能力〕は、旧体制の権威の分け前には決して与えるまいとする賢明な立場を最初から堅持し、自然に対して最大限の働きかけを行うために平民が享受してきた自律性を活用することにひたすら邁進したということ。

四、彼らが一貫して辿ってきたこのプランは、当然の結果と言ってよい二つの効果をもたらしたということ。すなわち、新体制の諸要素が十全な発展を遂げた結果、これら要素の社会的影響力が支配的になっていった一方で、この諸要素が昔ながらに同じ仕方で行使してきた自由を少しずつさらに広範に獲得していき、ついにはそれまで直接には目指していなかった立法権の一部まで当然の流れで受け取るに至ったという点がそれである。

五、世俗面でも精神面でも社会の力がすべて平民の手に移り、軍事力自体も彼らの影響力に左右されるようになったということ。

六、社会組織の全体は平民の利益になるよう立案されねばならぬと世俗的権力が原則として認めたことによって、平民は、自ら政治プランを立案できない間は旧体制が立てたそれに則って、自分たちが獲得を許された最大限の支配力を手に入れたということ。

七、世俗的権力が議会制を樹立したということ。すなわち議会制は（少なくとも原則上は）平民に認められた独占的課税決定権によって、世俗的権力が自己崩壊を起こさない範囲で譲り渡すことのできる立法権をすべて平民に与えたということ。

八、この権限は、平民がいますぐにでも新体制の最終的組織化に合法的に取りかかるのに十二分なものであること。

九、こうした進歩が新体制の世俗的・精神的指導者たちによって遂行されていくのと並行して、平民の大部分は軍事的・神学的指導層と完全に手を切り、精神面と世俗面における二つの実証的能力〔科学的能力と産業的能力〕の指導者のもとに組織されたということ。

このように旧体制は自らが崩壊しない範囲で新体制に放棄できるものすべてを新体制に譲り渡したのであり、なおかつ新体制が最終的な完成へと向かう道を平坦に均して前進を容易にしたのであった。

以上が十一世紀以来の全体的な歴史的帰結としての新体制の現状であり、つまりは社会の諸力のすべてが新体制のものになっているのである。新体制を組織するのに必要なすべての理論は社会的諸力の構成要素のうちに存在している。観察諸科学がそれである。要するに、社会はその全部門において自然に対して働きかけるべく組織されるのだ。もはや残されているのは社会の全体を同じやり方で組織することだけである。そのために平民がこれまで必要としてきた手段はもう揃っているのである。

両系列全体のまとめ

古い社会体制が最終的に樹立された時（十一世紀)、それに続く新しい体制の諸要素も生まれた。

この時代から二つの異質な活動が同時並行的に新体制によって継続的に行われた。つまり新体制は旧体制を破壊しようとする一方で、その体制に取って代わることを目指したのである。第一の活動として、平民は旧体制の二つの権力間〔王権と封建貴族〕に起こった不和につけ込んで、封建貴族に対抗するためにまずは王権と手を組んだ。平民はかつて戦った権力〔封建貴族〕に勝利したのち、その時まで同盟を結んでいた権力〔王権〕の一方の部門〔世俗的権力〕と新たに手を組んで、もう一方の部門〔精神的権力〕に対抗した。第二の活動としては、平民は旧体制とは常に距離を取り続け、もっぱら自然へ働きかけることに専念した。

この転覆と組織化という二つの活動は常に連携して行われ、その結果、新体制は旧体制に占められていた地位が手放されるたびにそれらを次々に手に入れていった。

旧体制はその最盛期には、精神面・世俗面の両面で、社会全般にまたがる活動はもちろん個別的な社会活動もすべて支配していた。私的な活動と特殊な知識のすべてがまずは旧体制の網の目から徐々に抜け出し、新体制のもとで有機的に結合していった。新体制は社会のあらゆる細部にわたって組織されたのである。

旧体制は個別領域への影響力を完全に失ったのち、全般的な社会活動に対する支配の大部分までも世俗と精神の両面で次第に失っていった。

結局、全般的な政治プランの策定権を手に入れることだけが残されたのであるが、新体制がう立案されるべきことは基本原則として認められたのである。しかし政治プランが平民の利益になるよう全面的に組織されるまではこの状態のままであろう。

世俗的権力〔軍事的権力〕は、旧体制が全面的に解体して新体制と交代するまでの間に、自らが所持できる最小限のレベルまで権力が縮減された。精神的権力〔教会権力〕は政治勢力としては、完全に打倒された。したがって、道徳教育がなおも彼らの手中にあり、いまだその教義に依拠しているという事実からもたらされる以外の影響はもはやない。

新体制は、社会のあらゆる細部の指導権を一手に収めたのち、社会全体の指導においても旧体制が失ったものを次々にすべて獲得したのであった。

世俗面では、平民が全般的な政治プランを好きなように変更する権利を取得することが認められた。そしてこの権利を合法的に行使することが一様に定められたのであるが、これと並行して新体制への移行の段取りもまた整備されたのであった。精神面では、科学的能力は、それがまだ道徳教育を掌握できていない範囲内で可能な限り許される、国民教育に対するあらゆる影響力を獲得した。

新旧両体制の力は、社会全体に及ぼす指導力の点からみれば今日ほぼ互角である。違いがあるとしても、それは旧体制よりもむしろ新体制に有利なものである。

だから、現在の社会は老衰した体制と成熟した体制が共存しているというのが実情なのである。老衰した体制は社会の細部に対する影響力をすべて失い、しかも社会の全体に対してもその影響力の半分を完全に失っている。他方、成熟した体制はすべての細部に加えて、全体の半分も支配下に収めている。

それゆえ、新体制がその全面的な組織化を樹立して旧体制に取って代わるためには、もはや登るべき階段はたった一段しかない。世俗面でも精神面でも、もはや残されていることは、その進歩を完全なものにすることだけである。すなわち、世俗面では下院を手中に収めることであり、精神面では、もっぱら観察から導かれる諸原理に基づいて道徳を打ち立てることである。ところで、そのための準備はすべてできているし、その手段も揃っている。あとはただそれを実行に移すだけである(22)。

社会再組織のための科学的研究プラン（一八二二年五月）

一つの社会体制が消滅し、もう一つの新たな社会体制が十分な成熟期に入り組織されようとしている。文明の一般的な進展から見た場合、現代に独特と言える基本的性格がこれである。この事態に呼応するように、社会組織の解体と再建という二つの異質な動きが今日の社会を揺さぶっている。社会の解体という側面だけに注目して考えるなら、社会は道徳的・政治的アナーキーの深みにはまりつつあり、早晩その解体の危機は避けられそうにもない。他方、その再建だけを考えるなら、社会は人類の最終的社会状態へと向かっていると言える。そこは人間本性に最も適した状態であり、人類を繁栄させるすべての方策が最大限に発達し、すぐにでも応用可能となるはずだからである。最も文明化された諸国民が遭遇している大きな危機の原因は、この二つの正反対の傾向がまさに共存しているという点にある。だから現在の危機を理解するにはこの二つの側面からそれを考察しなければならない。

この危機が表面化し始めた時代から現在まで、古い体制を解体しようとする動きのほうが優勢であった。あるいはむしろこの動きしか当時はまだはっきりと現れていなかった。危機がこのように始まったのは事態の当然の成り行きであったが、このことは、古い体制に大幅な変更を加えてから新しい体制の確立にすぐに取りかかれる点で好都合であった。

しかし、この条件もすっかり満たされ、新体制が始動するまでに封建的・神学的体制が弱体化している今日にあっては、解体運動がなおも勢力を保っていることは文明の進歩にとって、また旧体制の解体にとってさえ最大の障害となっている。この動きこそ、繰り返し危機を引き起こす社会的激震の第一の原因である。

この動揺に終始符を打ち、日々社会を蝕んでいるアナーキーを食い止めること、要するにこの危機を単なる精神運動へと変えてしまう唯一の方法は、文明諸国民が批判的な方針に見切りをつけて建設的な方針を採用し、新しい社会組織の構築に全力を傾けるよう促すほかはない。新しい社会組織の形成こそこの危機の最終目標であり、今まで行われてきたことはすべてその準備にほかならない。

以上が現代において何よりもまず必要なことである。これはまた端的に言えば、私の研究の一般的目的であり、新体制へ向かう進路にいまの社会を合流させるべくいろいろな勢力の協力を呼びかける本論固有の目的である。

議論の自然な流れとして、社会が明確に建設的方針を掲げることを現在まで阻んできた、そしていまなお阻んでいる諸原因をまず手短に検討してから、社会に建設的方針を取らせるにはいかなる手段を用いるべきかについて次に述べることにしたい。

社会を再組織するために民衆と国王がこれまで行ってきた数々の弛まぬ努力は、再組織の必要性が広く感じられていることを示している。しかし、その認識はどちらの側にしても、どこまでも曖昧で不完全であった。民衆と国王の試みは、まったく正反対であるとはいえ、いろいろな点でどちらも間違っている。それらは現在まで真に建設的な成果をなんら上げてこなかったし、今後もまず無理だろう。それは危機を終わらせるどころか、ひたすら長引かせているにすぎない。あれほどの努力にもかかわらず、社会を批判的な方向に引きとめ、革命の餌食にしている本当の原因はここにある。

この基本的命題を確認するには、国王と民衆による再組織計画を一瞥するだけで十分である。国王が犯した誤りはすぐにわかる。彼らにとって社会を再組織することの意味は、封建的・神学的体制を完璧な姿で再建することである。彼らからみれば、アナーキーはこの体制の没落に起因しているのだから、それに歯止めをかける方法はこれしかないように映るのである。

こうした見解がもっぱら為政者たちの個人的利害に貫かれていると考えるのは、あまり哲学的な態度とは言えない。その見解がいかに空想的であるとしても、現在の危機をなんとか回避しようと真剣に奔走する人々の心に自然と湧き上がるものには違いないからである。ただ彼らは社会の再組織の必要性を十分に感じ取ってはいるが、文明の一般的な進行を考慮せず、しかも現在の事態を一面的にしかとらえていないので、社会が旧体制よりも完璧でそれに劣らず堅固な新体制の樹立へと向かっていることにまったく気づいていない。要するに[1]、こうした見方が為政者たちに特有な見解であるのは当然なのである。なぜなら、彼らの立場からみれば、いやがおうにも社会のアナーキーがまっさきに目に飛び込んでくるし、そうなればそれを立て直したいと強く感じるのは当たり前だからである。

ここで、こうした主張の明らかにおかしな点を力説する必要はない。その誤りは知識人の多くが今日広く認めているところだからである。疑いないことだが、国王たちは、旧体制をなんとか再建させようと模索したのに、現在の危機の性質をまったく理解せず、自分たちの再建案が持つ射程の限界を知る由もなかったのである。

国王たちの考えとは異なり、封建的・神学的体制の没落の原因は最近生まれたわけでも、例外的なわけでも、さらに言えば偶然の産物でもまったくない。体制の没落は、危機の結果というよりむしろその原因なのである。この体制の没落は、先の数世紀の間、人間の意思とは無関係に生じた一連の変革によって絶えず推し進められてきたのであり、社会の全階級が手を貸してきたこの変革には、実はしばしば国王自身も主役を演ずるか最も熱心な旗振り役として加わってきたのである。一言で言えば、この没落は文明の進行の必然的帰結であった。

したがって、旧体制を再建するには、現在の危機が姿を現し始めた時代まで社会を後退させるだけでは十分ではない。なぜなら――これはまったく不可能なことであるが――その時代まで仮に戻ったとしても、危機を呼び込まざるをえなかった状態にもういちど社会組織を置き直すだけの話だからである。また数世紀までさかのぼって、旧体制が六百年の間に失ってきたものを段階的にすべて復元せねばならないことになるが、この損失に比べれば、ここ三十年の間に旧体制が失ったものなど大したものではない。

そのため、この損失を引き起こした文明の発展を一つひとつ帳消しにしていくよりほかに術はないだろう。

だからたとえば、精神面での旧体制の没落の直接的原因である十八世紀哲学を抹消したと仮定しても、その十八世紀哲学はまさに十六世紀の宗教改革の帰結であり展開なのであるから、宗教改革を抹消しない限り、その仮定は無意味であろう。しかも、ルターの宗教改革自体もやはりアラビア人がヨーロッパへ観察科学を導入した必然的結果にほかならず、観察科学の息の根を止めない限り、旧体制を再建しようとする試みは何をやってもやはり無駄であろう。

同様に世俗面でも、産業階級を奴隷状態まで段階的に戻さなければならなくなるだろう。というのも、結局のところ、自由都市《コミューン》の解放が封建体制没落の第一原因であり、一般的原因だからである。要するに、以上の〔国王の〕計画が持つ性格を最後まで述べるならば、これほどの難事業――そのなかの最も容易なものを取り出して考えてみても、どんな人間業も及ばないのだが――を克服したところで、その結果得られるものは、旧体制の最終的没落をひたすら引き延ばして、どのみち社会を再び解体に向かわせるだけに終わるであろう。なぜなら、人間本性に内在する文明進歩の原理までは抹消できないからである。

その規模から言っても、愚かしさから言っても、これほど途方もない計画を全体的に思いついた人はこれまでまず皆無であった。望むと望まざるとにかかわらず、人間は自分の世紀に属している。文明の進行に最も激しく抵抗していると自任している人でも、自分では知らぬ間に、文明の抗しがたい影響を受けて自らもそれに協力しているのである。

同じく国王たちも、封建的・神学的体制を再建しようと思案しているのに、自らの行動がこの体制の解体をさらに全面的に推し進め、それと交代すべき体制の形成に一役買っているという点で永遠の矛盾に陥っている。観察者にとって、この種の事実は無数に指摘することができる。

ここではそのうち最も顕著な事実だけいくつか指摘しよう。国王たちが科学・芸術の改善と伝播に努め、産業の発展を奨励することに誇りを感じていることは知られている。また彼らがそのために数多くの有益な施設を生み出したことも知られている。だがそうは言っても、こうした科学・芸術・産業の進歩にこそ、結局は旧体制の没落の原因があるのである。

続いて、国王たちは神聖同盟条約〔ウィーン体制下の君主同盟、一八一五－一八二二年〕を結んでヨーロッパ最高会議を結成したが、そこでも神学的権力は発言権さえ与えられず、旧体制の指導原理であった神学的権力は失墜してしまった。

最後に、現在のギリシア独立戦争に関して世論が分裂している様子も、こうした矛盾した精神をさらによく示す一例である。この事例の場合、[*]神学思想に往時の権勢を再び与えよと主張している人々が、旧体制の最盛期なら瀆聖の非難を浴びてもおかしくないような願望を平然とイスラム教のために訴えているとすれば、彼らは内心では神学思想の衰退を自分で気づかないうちに認めてしまっているのである[2]。

＊　この事実の重要性は、教皇自身がこうした意味の発言を行い、ギリシア人の支援に向かうことをローマの青年貴族たちに正式に禁じたことを思い起こせばよくわかる。

以上で指摘してきた一連の観察を辿り直せば、日々絶えず現れている新たな事実も各自容易に右のリストに付け加えていくことができよう。いわば国王たちは、自分では旧体制の再建を目指して行動や措置を講じているつもりでも、実はそうした活動はことごとく体制を解体する逆方向の動きも同時に誘発しているのである。しかも多くの場合、国王が出す勅令にこの二つの動きが同居している。

この根本的矛盾は、誰よりも熱心にその実現を期待している人でさえまったく理解できないほど、このプランがいかに馬鹿げているのかを何よりも明瞭に物語っている。また旧体制の崩壊がどれほど徹底的で避けがたいものなのかも、それははっきりと示している。この点について、これ以上詳述する必要はないであろう。

現在まで民衆が考えてきた社会再組織の方法も、別の観点からではあるが国王の方法に劣らず有害である。ただ民衆の誤りはまだ許容できる。なぜなら、民衆は文明の進行によって新体制の方向へ促されてはいるが、体制の性格がなおも十分に確定していない状態で新体制への道のりを手探りで模索しているのに対し、国王側は、過去の歴史を少しでも注意深く掘り下げれば、その馬鹿さ加減がはっきりする計画になおもしがみついているからである。要するに、国王側は事実と相容れないのに対し、民衆側は原理と相容れないのである。確かに原理を守り通すほうが常に難しい。しかし国王の誤りよりも、民衆の誤りを根絶するほうがはるかに重要である。というのも、民衆の誤りは文明の進行にとって唯一本質的な障害となっており、しかもこれこそが国王側の誤りに多少の根拠を与えているからである。

社会再組織の方法に関する民衆の支配的見解の主な特徴は、およそ一つの社会体制が真の堅固さを得るために満たすべき根本的な諸条件をまったく無視している点にある。彼らの意見とは結局のところ、封建的・神学的体制を解体させる批判の原理をそのまま組織の原理として打ち出すこと、別の言葉で言えば、この体制に若干の変更を加えて新たに樹立すべき体制の基礎にしようとする点に集約される。

実際、民衆の間で今日信用を得ている諸学説を、この派の最も有能な人々の演説やこれを最も体系的に論じている著作から検討してみるがよい。これらの学説自体を検討し終わったら、次にそれらが歴史的にどのような順序で形成されたのかを観察してみるがよい。そうすれば、こうした学説が社会再組織の基礎にはまったく無益な完全に批判的な精神から考案されているのがわかるであろう(3)。

正常な状態であれば、政府は社会の頭脳であり、活動全般の先導役かつ執行者であるはずなのに、この学説に従えば能動的な原理は一切持ち合わせていないことになる。これでは政府は社会組織の生活全般に大きく関与できず、まったく消極的な役割にとどまらざるをえない。

しかも、社会組織がその構成員に及ぼす影響はせいぜい治安の維持に限られるべきであるとされている。だがこうした役割は、どんなに活発な社会でも大して重要な目的ではなかったし、しかも文明の発達によって秩序の維持が容易になるとその重要性は著しく低下さえしたのである。

政府は個人の活動のすべてを一つにまとめて共通の目的へと導く社会の先導者であるなどとはもはやみなされていない。むしろ政府は社会体制の中枢に巣くう天敵のようなものであり、この敵に対抗して社会は自らが勝ち取った保障を盾に自衛し、政府に対して不断の不信の念と、攻撃の兆候が少しでもあればすぐに動けるよう防御の構えを常に持つべしとされているのである。

総論から各論に目を移せば、同様の精神がさらに明瞭に現れている。ここでは、その要点を精神・世俗の両面において指摘すれば十分であろう。

精神的な側面から見るなら、この学説の原理は無制限な信仰の自由というドグマにある。このドグマは、それがもともと生まれた時と同じ意味で、つまり批判の目的を持つものとして検討してみるならば、神学的信仰の衰退という大きな一般的事実の表現にほかならない。

神学的信仰の衰退の産物であるこのドグマは、当然の反応として、この衰退を加速させ、広めるのに大いに貢献したが、その影響力は事柄の性質上、あくまでそこまでにとどまった。このドグマは、神学的体制に対する闘争手段だとみなされている限りでは、確かに人間精神の進歩の流れに沿ってはいる。だが、それを現代に課せられた巨大な社会再組織化の一つの基礎であるなどと考えようものなら、ただちにその流れから外れ、このドグマの持つ価値をすべて失うだろう。それは、それが社会再組織の障害となるなら、かつて有益であったのと同程度に有害にすらなるからである。

実際、なんらかの一般思想体系がない社会などありえないのに、このドグマの本質は、個人的理性の絶対的至上権を宣言して、一般思想体系の普遍的な樹立を妨げることにある。というのも、大衆の教育レベルがどこまで上昇したとしても、常識となるべき一般観念の大半はどこまでも信頼によってのみ大衆に受け入れられるのであって、決して論証によってではないのは明白だからである。したがって、このようなドグマが適用できるのは、その性質上、〔一般的思想体系ではなく〕もっぱら消え去って当然の思想――その時点で、あってもなくてもどうでもよくなっている思想――だけにすぎない。事実、このドグマは、ちょうど威力を失い始めていた思想以外にこれまで適用されたためしはなく、しかもその没落を速めるために用いられたことしかなかったのである。

このドグマを旧体制と同様に新体制にも適用したり、いわんやそこに組織の原理を見出すことなど、この上なく不可解な矛盾への転落である。このような誤謬が今後も続くなら、社会の再組織など永遠に不可能であろう。

天文学や物理学、化学や生理学においては、権威ある人々が証明した原理を信用しないのは誰の目から見ても愚かなのであるから、その意味でこれらの学問に信仰の自由はない。政治学の場合、事情が異なるとすれば、それは古い原理が失墜したのにいまだ新しい原理が定まっておらず、端的に言えばこの過渡期には証明された原理がないだけである。しかし、この過渡的状態を永遠絶対のドグマに仕立て上げ、一つの基本公準にすることなど、社会はいつまでも一般観念を持つ必要はないと公言しているに等しい。神学体制の最良の擁護者たちがこのドグマに浴びせるアナーキーという非難が確かに的を射たものだと、われわれは認めなければならない。

これまで検討してきたドグマ〔信仰の自由〕に世俗面で対応するのが人民主権のドグマであり、これはいわば信仰の自由の政治的適用にほかならない。人民主権のドグマが創始されたのは、旧体制の政治全般の基礎である神授権の原理を打倒するためであったが、それは、この原理を根拠づけている神学思想の打破を目指して信仰の自由のドグマが作られたまさに直後のことであった。

それゆえ信仰の自由のドグマについて述べたことはそのまま人民主権のそれにも当てはまる。この反封建のドグマは、反神学のドグマ〔信仰の自由〕と同じく、その本来の最終目的である批判的使命を完了した。したがって、反神学のドグマが社会再組織の道徳的基礎たりえないのと同様に、もはや反封建のドグマもその政治的基礎にはなりえない。両ドグマはどちらも破壊目的で生まれたので、いずれも建設には向いていないのである。

この両ドグマのうちに組織の原理を見出そうとしても、反神学のドグマが結局のところ教皇の無謬性の代わりに単に個人の無謬性を表明したものであるように、反封建のドグマも国王の専断をどこまでも人民の専断に、あるいはむしろ個人の専断に置き換えただけにすぎない。反封建のドグマは最も無教養な階級へと権力を移譲させて政治組織の全面的解体を目指しているが、これはちょうど反神学のドグマが、社会の道標として有能な人々が定めた一般観念体系の独占的管轄権を最も無教養な連中に委ねて、人心の全面的分断を狙っているのと同じである。

以上、二つの根本的ドグマについて論じてきたが、同様の検討は人民の教養を構成しているさらに特殊な観念についても、それぞれ簡単に適用できる。しかもその結果もやはり同じであろう。つまり、二つの一般観念と同様、これらの特殊観念もすべて、封建的・神学的体制の衰退に対応する歴史的事実をたんにドグマの形で表現したものにすぎないことがわかるだろう。また、こうした観念はすべて完全に批判的な使命を担っており、しかもその存在意義はただそれだけであって、社会の再組織に適用することなどまず不可能であることも了解されよう。

したがって、人民の教養を注意深く検討するなら、哲学的概観から当然にも予想されること、すなわち戦闘の武器が不可思議な変態によって突如建設の道具に化けたりしないことが確認されるのである。この完全に批判的な教義は、その全体においても細部においても、それが反旧体制闘争という使命を担っていた限りでは、文明の自然な進行を助けるために極めて重要であった。しかし、それを社会再組織の先導役であるなどと考えようものなら、それはまったくの役不足である。この教義は、世俗面でも精神面でも、否応なく社会を慢性のアナーキー状態に留め置くからである。

これまで批判の原理に親しんできた民衆はそれをずっと使い続けてきたので、彼らがまず批判の原理を組織の原理として採用したのは、なるほど人間の弱さに見合ったことであった。ただこのような誤りが長引くようなら、社会の再組織にとってやはり最大の障害となることに変わりはない。

以上、民衆側と国王側が考える社会再組織の二つの異なった方法をそれぞれ考察してきた。しかし、両者を互いに比較すればわかるように、どちらも固有な欠陥のせいで真に組織的な方向へと社会を導くだけの能力はなく、しかも現代を特徴づけている巨大な危機に今日までずっと伴ってきた騒擾を将来的に予防する能力もないのである。民衆の方法はその内的性質からして、国王の方法はその必然的結果からして、どちらも同程度にアナーキーなのである。

この点に関して両者にある唯一の違いは、国王の考えでは、政府は常に社会と真っ向から対立するものでなければならないのに対して、民衆の考えでは、社会のほうが絶えず政府と敵対状態にあるという徹底した自覚を持たなければならない点にある。

どちらも有害なこの二つの対立的見解は、必然の成り行きとして互いにしのぎを削り、その結果、革命の温床をいつまでも育むことになるのである。

一方において、封建的・神学的体制を再建しようとする国王側の試案は、批判理論が持つ恐るべきエネルギーの炸裂をいやがおうにも民衆側に引き起こさざるをえない。これは自明なことだが、もし国王側がこうした試みなど行わなければ、民衆の批判理論もその大部分の活力をとうに失っていただろう。なぜなら、国王側が基本原理（信仰の自由のドグマ）とそこから導かれるもろもろの成果を厳かに承認して、事実上、旧体制の必然的没落をはっきりと認めてしまえば、批判理論にはもはや攻撃対象がなくなるからである。しかし実際には、神授権を取り戻そうとする国王の努力がかえって人民主権を覚醒させ、再び活力を与えてしまっているのである。

他方において、新体制の建設にすぐに取りかかれるほど旧体制は十分に修正されているのに、なおも民衆が批判理論を振りかざすなら、否応なく国王側は危機を終息させようと旧体制の再建へと向かわざるをえないのは当然である。なぜならこの危機は現在のままでは社会秩序の解体という結末しかもたらさないと思われているからである。社会に組織理論が必要な時期に、批判理論がなおもまかり通っていること自体が、まさに国王側の見解にいくばくかの力を与えている唯一のものなのだ。なぜなら国王側の見解は、絶対に実現不可能であるという点で、建設的でないのは民衆側の見解と結果的に同じであるとしても、少なくとも理論上は建設的だからである。それゆえ国王側の見解は、社会には絶対になんらかの〔観念〕体系が必要であるという社会の欲求と、不完全ながらも共有点を持っているのである。

この正確な見取り図に、さまざまの党派――社会の現状は各党派の計画にとって実に広大かつ格好の場を呈している――の影響を加味してみるがよい。各党派が問題の解明を妨げて、国王と民衆が互いの誤りを理解し認め合うことを断念させるためにどんな努力を払っているのか調べてみるがよい。そうすれば、今日の社会が置かれている悲惨な状況を正しく理解できるだろう。

これまでのすべての考察が証明するところによれば、革命の底無しの源泉であるこの嘆かわしい悪循環から最終的に抜け出す方法は、今日知られているような国王側の見解が勝利することでも、民衆側の見解が勝利することでもない。それは、民衆側と国王側が組織理論を作り上げて両者ともに採用するほかに術はない。組織理論の構築こそ、国王側には退歩的方針を、民衆側には批判的方針をそれぞれ放棄させる唯一の道だからである。

新体制の建設は文明の前進が始まった当初から着々と準備されてきたが、その軌道に社会全体を乗せて、この危機に終止符を打つことができるのはこの組織理論をおいてほかにない。封建的・神学的体制を新体制に取り替えることを今日要求しているのがこの文明の進行なのである。

組織理論がすべての人に受け入れられれば、現在の民衆と国王それぞれの見解にある合理的な部分は実現され、一致をみない悪しき部分はそぎ落とされよう。社会が崩壊するという国王側のもっともな懸念が一掃されれば、もはや彼らが人間精神の発展に反対する正当な理由もすっかり消え去るであろう。民衆側も、彼らがこぞって新体制の建設を熱望するようになれば、もはや封建的・神学的体制を憎む必要もなくなり、自然の成り行きにまかせてその消滅を静かに見届けるまでのことだろう。

以上(4)、真に組織的な新理論を採用すべき理由を示した。続いて、この理論を樹立すべき時機について考えてみたいのだが、以下の考察が十分に証明するところによれば、この大事業にただちに着手すべき時機はもうすでに来ているのである。

先進諸国の現在の状態をつぶさに観察すると、いやがおうでも目につくのは次のようなほとんど矛盾とも言える奇妙な事実である。すなわち、退歩理論ないし批判理論に依拠した政治思想以外にいまだ何もないにもかかわらず、国王側においても、民衆側においても、今日ではどちらの理論も真の優位性をもはや保っていないという事実である。つまり、どちらの理論も社会を導くだけの強力な指導力を持っていないのだ。すでにわれわれが証明したように、この二つの理論は理論面では敵同士互いに刺激し合っているにもかかわらず、実際問題に対する全般的行動の面では、もはやひたすら互いに足を引っ張り合う、というよりむしろ相殺し合っているのである。

ここ三十年来の批判思想の猛威が引き起こした政治的大激震によって、批判思想の主たる影響力は失われてしまった。まず、この激震によって旧体制にとどめが刺され、批判思想はここでその本来の役割を終えたということ。つまり民衆の間で批判思想が人気を誇っていた主な理由が、この激震によってすっかり失墜してしまったのである。あるいはまた、社会の再組織のためにこの新たな見解を適用してみたはいいが、批判思想のアナーキーな性格が露呈してしまったということ。つまり、この決定的な経験以来、もはや民衆の間で本来の批判的情熱は潰えてしまったのである。その結果、国王の側でもその体裁はともかく、もはや本来の退歩的情熱を失ってしまった。なぜなら、封建的・神学的体制の没落と、この体制からの離脱の必要性は彼らにも積極的に受け入れられたからである。

民衆と国王のどちらの方向においても、実際の動きはいまや権力と社会のいずれとも無関係なところで行われている。実践面において、両者はそれぞれ退歩的見解ないし批判的見解を、〔建設的ではなく〕本質的に受動的なやり方でしか、つまり防御の手段としてしか用いていない。両陣営がこの二つの思想をそれぞれ順番に同程度に用いているにすぎず、唯一本来的な違いがあるとすれば、民衆のほうはもっと徹底的に旧体制を解体しようとしてなおも批判理論に論拠を求めているのに対し、国王側はなにがしかの社会秩序の必要性を痛切に感じているために退歩理論になおも固執しているという点だけである。

以上の考察は、批判思想と退歩思想の混合物にすぎない一種の折衷思想〔V・クーザンらの折衷主義〕が存在し、信用を得ているという事実だけからも容易に検証・証明される。この危機の発端にはなんの影響も与えていないこの折衷思想が今日、統治者の間でも被治者の間でも明らかに主流を占めるようになった。二つの既存党派も、いまや折衷思想の用語法を受け入れざるをえなくなっている点からしても、彼らがその支配力を認めていることはもはや明白である。

折衷思想の成功は、いまの時代を正確に理解するために極めて重要な二つの事実にはっきりと表れている。まず第一にその思想の成功が物語っているのは、封建的・神学的体制が文明の現在の状態とは相容れないのと同様に、批判理論も現在の社会が渇望している欲求に十分に応えることはできないと、ほとんどの人々が痛感しているという事実である。第二にそれが証明しているのは、批判的見解も退歩的見解も、もはや現実的な影響力をどちらも持ちえないという事実である。なぜなら、どちらか一方がいまにも支配権を手に入れそうになると、人々の一般的な精神的傾向としてもう一方の側にただちに肩入れするからである。もちろん肩入れされたほうの見解も、その後この表面的な賛同に勘違いしてここぞとばかりに活動を再開するなら、再び人心に同様の精神的不安を呼び起こし、その結果、今度は自らが同じ憂き目にあうことになる。[*]このような交互運動は、出来事の自然の歩みがとりわけ旧体制の愚劣さを示しているのか、あるいはアナーキーの危険を示しているのかに応じて、ある時は一方の側へ、ある時は他方の側へと絶えず繰り返し行われる。現在のところ以上が現実の政治力学であって、社会再組織の方法に関する思想が固まらぬ限り、つまりわれわれの時代が要請し、かつ現在まで矛盾のように思われてきた二大条件——旧体制の廃止と安定した規律的秩序の樹立——を同時に満たすことのできる思想が現れない限り、このような状態が続くことは避けられないだろう。

＊　この折衷的、というよりも矛盾した思想の利点は、まさにこうした人心の傾向の代弁者の役割を果たしている点にある。しかもこの思想は、自分本来のものは何もなく、互いに打ち消し合う正反対の公準から成り

立っているので、組織という点ではまったく無価値であるのは明白である。また経験上すでにわかりきっていることだが、この思想は、事物の進行をひたすら批判的傾向と退歩的傾向の間で振り回すばかりで、その進行になんら決定的な性格を与えることもできない。退歩的党派と批判的党派のどちらかが優勢になって社会が暴力的無秩序状態に陥ることを防ぐためには、現在の政治状況に対するこの思想の煮え切らない態度も、真に組織的な理論の完成までは、なるほど確かに必要であろう。この意味では、良識ある人なら誰しもこの思想を熱心に応援するはずである。しかし、こうした政策が革命期の混乱をいかに和らげようと、折衷思想がそれを長引かせることもやはり疑いえない。なぜなら、矛盾を学説にまで昇華させ、二つの正反対の理論をいつまでも競わせるために両者の共倒れだけは慎重に回避しようとする思想など、社会組織がいつか安定した状態になるには間違いなく障害となるからである。要するに、このような政策が今日時宜に適い、有益であるのはどこまでも一過的なものにすぎない。だからそれを決定版であると考えようものなら、不条理かつ危険なものとならざるをえないのである。

私は社会再組織に関する既存学説をいくつか検討してきたが、これまでこの見解に一切触れてこなかったのは、以上のような理由があったためである。

この正反対の二つの理論が共倒れになっている状態は、思想面でも見て取れるが、とりわけ顕著なのは活動面である。実際、批判的・退歩的傾向を問わず、ここ十年ばかりに起こった多少とも重大な出来事をすべて検討してみるがよい。そうすれば、こうした出来事がその当時の体制になんら現実的な進歩ももたらさず、その唯一の成果と言えば、敵側の体制が支配権を握るのをひたすら防いできただけだったのがわかるだろう。

以上、要約すれば、国王の考えも民衆の考えも、現代を特徴づけている再組織の根本的必要性に応えるだけの能力をまったく欠いているために、新たな一般理論が必要であることを物語っているばかりか、今日ではどちらかの理論が一方的に勝利を収めることも不可能だということである。しかも、どちらもまともに活動することすらもはやできていない。つまりこの結果からわかるのは、人心には組織理論を受け入れる準備が十分にできているということである。

成熟期に到達した社会が採るべき方針は、国王たちが言うように、幼年期に建てた古臭いみすぼらしいあばら屋にいつまでも住み続けることでも、あるいは民衆が言うように、あばら屋を出て永久に野営生活をおくることでも、どちらでもない。そうではなく、社会の得てきた経験を頼りに、これまで集めてきた材料をすべて使って、社会の必要とその用益に最も見合った建物を作ることにある。これこそいまの世代に課された壮大で崇高な試みなのである。

総論

民衆や国王のこれまでの社会再組織案には多くの欠陥があることが判明した以上、どちらの陣営も再組織プランの立案に失敗したと結論づけなければならない。この種の事実の説明としてはそうとしか言いようがないが、ただこう断言するからには直接的、個別的、そして正確にそれを裏づける必要がある。

国王と民衆の両見解の不十分さからはっきりと証明されたのは、社会を苦しめている恐るべき危機を収束できるのは真に組織的な新理論以外にはないということであった。同様に、どちらも未熟な成果しか生まなかった両者の実施方法を検証すれば、新理論の形成と樹立のためにはどんな方法が採用されるべきか、そしてこの大事業を指導するのに必要な社会的諸力は何かということがはっきりするであろう。

社会再組織プランの立案にあたり、民衆と国王が用いた方法に共通する欠陥は、両者ともこの事業の性格についてまったく見当違いの考えを現在まで抱いてきたために、この重要な任務を明らかに無能な人々に委ねてしまった点にある。序論で確認した根本的錯誤の第一の原因がこれである。

この原因は、国王側と民衆側の双方に当てはまるとはいえ、この原因をことさら国王側から考察してもあまり益はない。なぜなら、国王たちは何かを発明したわけではなく、旧体制の理論を新しい社会状態のために焼き直したにすぎないので、彼らに真の再組織の立案能力がないことは、この点だけからも十分に証明されているからである。また、民衆の方法論と同様に原理的に誤っているとはいえ、同様の理由〔旧体制の焼き直し〕から、当然にも彼らの方法のほうが民衆の方法よりも体系化されており、細部に至るまであらかじめプロトタイプができ上がっていた。したがって、一種の新理論を打ち出すことができたのは民衆だけであり、その理論的欠陥の原因を突き止めるには、主に彼らの実施方法を検証していくほかはない。もちろん、民衆に対して行った一般的観察に適当な修正を加えれば、各人で引き続きそれを国王側にも容易に実施することができるはずである。

危機の開始以来、民衆が生み出した自称憲法の数の多さ、そして多少の差はあれ、そのすべてに現れている過度なまでに些事にこだわる条文を一瞥するだけでも、判断力のある人なら、再組織プランを立案する意義とその難しさがいかにこれまで理解されてこなかったのかがはっきりと了解できるだろう。三十年間に十種類もの憲法が作られては、そのたびに相も変わらず永遠不滅が宣言され、しかもそのうちのいくつかは憲法に付帯する組織法を除いても、二百以上にも及ぶ極めて細かな条項で埋め尽くされている。こうした光景は、社会が真に組織された暁には、わが子孫にとって心底驚きの対象となるだろう。このような駄弁は、思想の自然的進歩によれば真の最終理論へ向かう過渡的段階には避けがたいものではあるが、そうでなければ政治面における人間精神の恥辱だと言わねばなるまい。

社会はこんな風には歩んでこなかったし、実際そんなことは不可能である。社会体制の組織全体を、数か月ないし数年でその最終的な完成形態まで一気に作り上げようとする主張は、微力な人間精神とは絶対に相容れない途方もない夢物語である。

実際、はるかにもっと単純な類似例で人間精神がどのように働いているのか観察してみよ。ある科学が、あらかじめ十分に準備の整った新理論に基づいて再構成される場面を考えてみよう。まずその場合、一般理論が作られ、議論が重ねられ、そして確立される。続いて、長い一連の作業ののちに、この理論の発明者ですら当初は想定していなかったような調整がようやくこの科学の全部門間で図られることとなる。たとえば、ニュートンが万有引力の法則を発見してから、この法則が必然的に生み出した学問的再編成の波が天体物理学に押し寄せるまでには、ヨーロッパ中の幾何学者が総出で、一世紀近くの困難な研究を必要とした。技術に関しても事情は同じで、その例を一つだけ挙げれば、水蒸気の弾力が新たな動力として機械に応用可能だとわかった時から、この発見の直近の結果である産業革命を段階的に展開させるまでには、やはり一世紀近くも要したのである。確かに重要であり、困難が伴うとはいえ、特殊個別にすぎぬこうした諸変革においても、人間精神の歩みがこのように必然的かつ不変的であることが明白だとすれば、すべての変革のなかで最も広範かつ重要な、そして困難を伴う大変革、つまり社会体制の根本的改造を目指したこの大改革が現在まで採ってきた無謀な方針が、いかに馬鹿げたものであったのかがわかるというものである！

決定的ではあるが間接的なこの比較から、直接的な比較へと話を移しても、結論は同じである。封建的・神学的体制の樹立も現代の改革とまったく同じ性格を持っていたという点について一瞥してみよう。この体制も一挙に作られたわけではなく、それどころかはっきりと本来の姿を現したのはようやく十一世紀になってからであった。つまり、西ヨーロッパでキリスト教の教義が広範に勝利を収め、西ローマ帝国に北方民族が完全に定住して五世紀以上も経ってからである。のちに封建的・神学的体制の確立という形で具現化される基本的な原理は西暦五世紀の段階ですでに世俗面でも精神面でもしっかり樹立されていたとはいえ、どんな天才でも当時このような体制の建築プランをわずかでも綿密に素描できる人はいなかったと考えるべきであろう。知識は進歩を遂げ、今日樹立すべき体制はこれよりもっと自然で本来的な性質を持っているのであるから、確かにこの体制の全面的な組織化はもっと素早く果たされるに相違ない。だがそうは言っても、社会の進行は、永遠不変の人間の構造《コンスティテュシオン・ユメンヌ》に起因している以上、速度に多少の違いはあるが根本的には常に同一である。したがって、この大きな経験が明らかにするところによれば、このような社会再組織の全体プランを細部に至るまで即興的に作り上げようとするのはまったくの愚行なのである。

もしこの結論を検証したいのであれば、民衆の採用した批判理論自体がどのように確立されたのかを観察すればよい。この理論は、プロテスタンティズムが原理として立てた個人の検討権〔聖書の自由検討の原理〕を全面的に拡張してまるごと応用したものにほかならない。ところでこの原理が誕生してから、その重要な成果がすべて引き出され、理論が確立されるまで二世紀近くかかっている。この遅れの原因は確かに封建的・神学的体制の抵抗によるところが大きかったのは否定できないが、しかしそうであっても、この抵抗だけが唯一の原因というわけではないし、もっぱら事業の性格自体にこの緩慢の原因があったこともまた明白である。このように純粋な批判理論に関して真実だと言えることが、まして現実的な組織理論に関してどうして否定できようか。

したがって、この第一段階の考察から結論すべきは、民衆は社会再組織の大事業を現在まで理解してこなかったということである。

この事業の性格はなぜ理解されなかったのか。その理由を突き詰めてみれば、本質的に理論的な事業を完全に実践的なものだと勘違いしたところにある。

社会再組織に関するなんらかのプランが立案される場合、必ず作業は二つの系列に分担される。この二つの系列は、目的の点でも、それが要求する能力の種類の点でも、明確に異なっている。理論的・精神的な第一系列の目的は、計画原案の展開——すなわち社会的諸関係がどのように調整されるべきかの指針を与える新原理の精練——および、社会の指針として役立つ一般観念体系の形成である。実践的・世俗的な第二系列の目的は、権力の分担方法を決めたり、あるいはこの体制の精神に最もよく合致した行政制度全体を理論的作業が定めた通りに決定することにある。第二系列の作業はどこまでも第一系列の帰結であり、具現であるという点でそれに依拠しているとすれば、なによりも第一系列からまずは全体的作業を始めなければならない。第一系列の作業は予備的なものであるとはいえ、全体的作業の精神的支柱にして、最も重要かつ困難を伴う部門である。

序論で検討した欠陥理論に則って人民が社会の再組織を構想するようになったのは、この基本的分割を受け入れなかった、言い換えれば、実践面にしかもっぱら注意を向けなかったのだから当然である。民衆の理論の誤りはすべてこの最初の大錯誤の結果である。この誤謬の連鎖は容易に辿ることができる。

第一に、人間精神の自然法則から逸脱した結果、民衆は新社会体制を建設しているつもりで、実は旧体制の枠から一歩も出ていなかったということ。新体制の目的も精神もまだ確定してなかったのだから、これは避けがたい。この不可欠の条件があらかじめ満たされない限り、この状態はいつまでも続くであろう。

一握りの人々のためであれ、数百万人のためであれ、およそ社会組織というものは、もろもろの個々の力を全般的な活動目的のためにすべて結集することを究極目的とする。なぜなら、複合的に結合した活動が全体的に行われているところにしか、社会は存在しないからである。それ以外のどんな仮説も、同じ地面に適当な数の個人がただ集まっているにすぎない。人間社会がその他の群居動物の社会と違う点はまさにここにある。

以上の考察に従えば、活動目的をはっきり定めることこそ、組織全体を立案する際の方向性を決定づける点で、真の社会秩序の最も重要な第一条件である(5)。

第二に、孤立した個人にとってと同様、社会——その数がいかに多くても——にとっても、立案可能な活動目的はたった二つしかないということ。一つは、自分以外の残りの人類すべてに対する暴力的活動、つまり征服であり、もう一つは、その力を人類の利益のために転換して自然を開拓する活動、つまり生産である。どちらの目的もまったく掲げないような社会組織がもしあるなら、それはどこまでも折衷的で特徴のない徒党にすぎないだろう。旧体制の目的は軍事であったが、新体制のそれは産業である。

それゆえ、社会再組織を行うために必要な第一歩はこの新しい目的を宣言することだったのだ。それをしなかったために、人々が旧体制から最も離れたつもりでいた時ですら、実はその枠から一歩も抜け出ていなかったのである。ところで、わが国の数々の自称憲法が抱えているこの奇妙な欠陥の原因は、体制の全体を構想する前に、細部から組織しようと考えた点にあるのは明らかである。言い換えれば、理論部分がしっかり定まっておらず、それどころか理論を確立しようとさえ考えることなく、再組織の行政面ばかりに没頭してしまったことにその原因がある。

この最初の誤りの必然的な結果として、世人は単なる旧体制の手直しにすぎないものをその全面的な刷新だと勘違いしてしまった。この修正はどれも体制の外観にのみ加えられたものにすぎず、その内実に関しては、まったく手つかずの状態のままである。人々は、旧権力をひたすら細分化して、それらの権力間でさまざまな部門を互いに対立させることに熱中した。この〔権力分立論の〕目標をいかに実現するかという議論は、崇高な政治的理念だと考えられてきたし、いまでもそう考えられているが、実はごくごく瑣末な話にすぎない。いずれにせよ、社会の方向性も、権力の性質も、相変わらず〔旧体制と〕同じものだと考えられてきたのである。

それに加えて、人々がひたすら従事したこの権力分割を巡る議論が、最初の錯誤に起因するまた別の影響のせいで、この上なく皮相なものになってしまった点は指摘しておいてよい。なぜなら、旧体制が政治全般に導入した主要な改善である、精神的権力と世俗的権力の二大分割が見失われてしまったからである。人々の注意が社会再組織の実践的部分にすべて向けられてしまえば、精神的権力なき憲法という奇怪な代物が生まれてきたのも当然であった。仮にこんな代物が長いこと幅を利かせることにでもなれば、それはまさに野蛮状態への大転落というものであろう。いずれにしても、すべてはひたすら世俗的なものへと向けられ、どうみても立法権と行政権の分割など下位区分でしかないのに、人々はそれしか目に入らなかったのである。

民衆は、封建的・神学的体制の改善に精神を集中させたために、必然的に批判原理を組織原理のように考えるようになった。この批判原理は、旧体制の没落が顕著になった時から旧体制に対する闘争の道具となったのだが、まさにこれにより旧体制を改善する役割も担わされることになったのである。この点に関して、しっかり観察しておくべきことがある。すなわち、民衆は、社会再組織の研究全般において理論系列と実践系列の区別を完全に誤解していたにもかかわらず、圧倒的な自然の求めに応じて生まれたこの準則に、旧体制の改善を企てる際に彼ら自身も従うことによって、そうとは知らずにこの準則の必要性を立証してしまったというのがそれである。

以上が、社会再組織の理論的作業を実践的なものだと考えてしまった、この基本的な誤りから生じた諸帰結の正確な連鎖である。このようにして最終的に民衆は、批判理論を武器に旧体制の生命源だったものをすべて奪い取り、白骨化した惨めな状態になった旧体制そのものを、文明の改善から生まれた本物の新しい社会体制であるかのように次第に考えるようになったのである。序論で指摘した主な誤謬の真の原因がこれである。

真の社会再組織は常に求められており、この欲求はそれが満たされるまでまずなくなることはない。だから民衆の精神は絶えず揺れ動き、新しい方策はないかと必死に探しまわる。しかし、彼らは不動の宿命により、自らの誤った方針のせいで最初から狭い輪の中に縛られており、文明の力が彼らをそこから出そうと促しても結局徒労に終わってしまう。そのため民衆は旧体制の新たな改善、つまり批判理論のさらなる全面的適用こそが、自分たちの努力の終着点であると信じ込んでいるのである。このように、改善に改善を重ねて、つまりは封建的・神学的体制を取り替えるのではなくそれ自体をどんどん破壊しながら、民衆は、こうした道程が行き着くお決まりのコースである完全なアナーキー状態へと突進しているのである。

以上の結論が明瞭に物語っているのは、人間精神の本性がはっきり示している方針を社会再組織という大事業のために急いで採用すべきだということである。これとは違う方針を採ったために民衆にいま迫っている悲惨な諸帰結から逃れる手段はこれしかない。

このような断言は、それが今日実行しなければならぬ政治的大事業の真の方針を確定するという点で根本的なものであり、いくら光を当てても当てすぎることはない。それゆえ、現在までで民衆が採ってきた誤った方針に対するこれまでの検討からすでに十分に論証されているとは思うが、この主張が依拠している直接の哲学的議論をここで簡単に振り返ることも無駄ではあるまい。

最も単純な事例の場合には、分業の必要性が今日では当たり前のように広く認められているのに、最も一般的かつ困難な企ての場合には、その必要性を一から証明しなければならないのは、人間理性にとってあまり誉められたものではない。なんらかの工場の経営、道路や橋の建設、船の航行などには、手引きとなる理論的な予備知識が必要であることは初歩的な真理として認められているのに、社会の再組織に関しては、完全に実践的な仕事として旧態依然の連中に任せておいてよいのであろうか？

一人の人間であれ、ある程度の集団であれ、人間が行う完璧な作業は、最も単純なものから最も複雑なものまですべて含めて、必ず二つの部門に分けることができる――それを言い換えれば、二種類の考察の対象になる。つまり理論と実践、構想と実行である。前者は必然的に後者に先行し、後者の手引きとなる。別の表現で言えば、先行する思索のないところに行動はありえない。最も古い因習に囚われているようにみえる作業でも、この分析は妥当する。ただそこには理論が正しく導かれているのか、あるいは間違っているのかという違いがあるだけである。万事、自分はどんな理論も当てにしないなどと公言する人間は、新しい理論が導入されたあとも時代遅れの理論にいつまでもしがみつき、周知のように、同時代人が成し遂げた理論上の進歩を一切認めようとしない。だからたとえば、頑なに医学を信用しようとしない連中は、だいたい愚かにも最低のペテン療法に喜んで飛びついてしまうのである。

なるほど人間精神の幼年期には、理論的研究であれ、実践的作業であれ、同じ一人の人間がすべての仕事をこなしていた。しかしだからといって、当時でさえこの二つの仕事の区別――

確かに明瞭とはいい難いが――がなかったわけではない。この二種類の仕事は、相違どころかいわば正反対の能力や教養なりを必要としたために、ほどなく袂を分かち始める。人間精神の集団的・個人的知性が発達するにつれて、この区別はますますはっきりと顕在化して全面展開を遂げ、ついに新しい進歩の源となっていった。ある国民の文明化がどの程度進んでいるかを哲学的観点から本当に測りたいのであれば、理論と実践がどの程度まで分離し、どの程度まで協働しているのかを把握すればよい。なぜなら、分業と協働は文明化の大きな手段だからである。

理論と実践の区別は、すでに個々の特殊作業ではあらかた行きわたっていたが、キリスト教が最終的に樹立されたことで、社会活動の全般において一様に完全な形で成立を見た。この区別は、世俗的権力とはっきり一線を画す精神的権力が成立すると、現実的な力を獲得し、その基礎を不動のものとした。精神的権力は世俗的権力に対して、理論的権威が実践的権威に対して持つ当然の関係――旧体制の特殊な性格に合わせて修正されたが――を築いたからである。この偉大で見事な構想こそ、全盛期の封建的・神学的体制を特徴づけていた驚くべき活力と堅固さの主要な要因であった。だがこの体制の必然的な没落によって、この重要な区別は一時的に見失われてしまう。十八世紀の浅薄な批判哲学のせいでその価値が誤認されたのである。しかし、旧体制の影響下で人間精神が獲得し、旧体制が消滅した後も残るであろう他の戦利品とともに、この区別も大切に保持しなければならないことは明白である。今日確立が望まれている体制の精神的権力と世俗的権力も、確かに旧体制とはまったく性質を異にするとはいえ、まず何よりも考慮すべきはやはり両者の間のこの区別である。そうすれば、十九世紀に確立される社会も間違いなく十一世紀のそれに劣らず完璧に組織されるであろう。*

* 精神的権力と世俗的権力の分割というこの大問題は後日稿を改めて論じることにしたい(6)。

日常の政治活動でさえ理論と実践の区別が必要であることを理解できるなら、まして社会全体を再組織する大仕事にとって、人間精神の微力さにもっぱら起因するこの区別がどうして不要なことがあろうか。この区別こそ、その重要性に何よりふさわしい仕方でこの大問題を論じるための第一条件なのである。

以上の哲学的観察が示していることは経験上からも直接に確認できる。どんな重要な改革でも、それが社会秩序に適用される場合には、これまで必ずその改革を構想する研究がそれを直接実現する作業に先立って手引きとなり、支えとなってきたからである。この点から歴史を振り返れば、二つの決定的な出来事が見えてくる。

その一つは神学的・封建的体制の形成であり、今日のわれわれが汲めども尽きぬ教訓の泉とすべきがこの出来事である。十一世紀にこの体制を完成させた制度全般は、この体制の精神に基づいて数世紀前から行われていた理論研究によって確かに準備されたものであり、その研究はアレクサンドリア学派によるキリスト教錬成の時代〔四世紀〕までさかのぼる。教皇権がヨーロッパ最高権力として成立したのは、すでに展開していたキリスト教の教義の必然的帰結であった。強者に対する弱者の保護＝服従という相互関係に基礎を置く封建制度全体も、同様にこの教義を当時の文明状態における社会的諸関係の法規に適用したものにほかならないのである。誰がみても明らかなはずだが、もしキリスト教の理論があらかじめ発達していなかったら、いったい教皇制も封建制もはたして成立していたであろうか？

さて第二の出来事は、ほとんどわれわれの目の前にあるのでさらに明瞭である。それは、現在の危機の開始以来、民衆が旧体制に加えた修正の方針自体に関係している。この修正は、明らかに十八世紀哲学が批判原理に施した体系的な展開と編成に全面的に依拠していた。これらの理論研究は、批判的である限りで二流理論の類にすぎないが、確かに理論的な性格を持ち、後続する実践的な仕事とははっきり切り離されていたために、この研究に従事した人たちのうちで、それが次の世代にどのような変化を生み出すことになるのかを少しでもはっきりと広く理解した者は一人もいなかった。こうした理論研究から生まれた著作を、その後に起こった実践的な変革と丹念につき合わせてみたことのある人なら、以上の考察に驚きを隠せないに違いない。けれども、わが国の自称憲法の起草者のなかで最も有能な人々の著述や演説から、十八世紀の啓蒙思想家《フィロゾーフ》から借用した思想を取り去ってみるがよい。いったいそこに何が残るだろうか。

この問題を歴史的観点から検討するなら(7)、以下の考察によって簡単に解くことができる。ただここではそれを指摘するだけにとどめ、別のところで詳しく論じたい。

今日の社会は、精神面でも世俗面でも無秩序状態にある。世俗的アナーキーはそれに先立つ精神的アナーキーによって生み出された。今日ですら、世俗的アナーキーよりも精神的アナーキーのほうが社会的不安の大きな要因となっている。その一方で、文明の進行を丹念に研究すれば、社会の精神的再組織のほうがいまやその世俗的再組織よりも準備が整っていることがわかる。したがって、革命時代を終わらせるためには、第一系列の直近の努力目標として、精神的権力の再建が打ち出されなければならない。それなのに現在まで、世俗的権力の立て直しにばかり注意が向けられてきたのである。

以上の全体的な考察から導かれる当然の結論は、現代に課せられた社会再組織の理論的研究は実践的な仕事からはっきり切り離すべきだということである。つまり、新しい社会秩序の精神およびこの精神に合致した一般観念体系にかかわる研究を、その結果から要請される社会関係のシステムや行政方式を対象とした仕事から切り離して構想・実施しなければならない。理論面が確立され、少なくともかなり前進しない限り、実践面でしっかりした重要なことは何もできないだろう。これ以外の方法を採るなら、土台もないのに家を建てたり、形式を内容に先行させることに等しいだろう。要するにそれは、あらゆる誤謬の第一原因としてこれまで述べてきた、民衆が犯した根本的な誤りをひたすら長引かせるだけであって、人間知性の現状に見合った社会の再組織化を望む民衆の願いをいつか実現するためには何よりもまず取り除くべき障害なのである。

新しい社会体制を堅固な土台の上に築こうとするなら、これだけは行っておくべき予備研究の性格がはっきりした以上、この重要な使命を担う社会的勢力を決定するのは簡単である。実行すべき研究プランを披露する前に、この点をまずはっきりとさせておかねばならない。

すでにわれわれは、民衆が再組織プランを立案してきたこれまでの方法がいかにひどく誤っていたのかを論証してきた。したがって、この大事業を委ねられた連中が能力的にまったくその任に堪えない点については、おそらくいまさら力説するまでもあるまい。事実、一方は明らかに他方の必然的結果なのである。民衆はこの事業の性格を見誤ったため、その実行を担うべき人選の面でも間違いを犯さざるをえなかった。民衆の思い描く事業にまさにこうした連中が適任だとされてしまうこの事実だけを見ても、本来の正しいやり方でこの事業を取り仕切るだけの能力など彼らは持ち合わせていないのである。それゆえ、彼らのような受託者たちが無能、というよりもその資格がなかったところで、それは当然と言えば当然のことであった。というのも、まったく正反対の二つの事柄〔民衆のプランと実証的プラン〕の両方に適した人など誰もいないからである。

三十年来、民衆の手になる自称憲法の仕事のために招集された人々はもっぱら法律家階級の出身であった。彼らは事態の必然的な流れからこの職務を担うことになったのであり、この職務がこれまでどのように考えられてきたかをみればそれはわかる。

実際、民衆にとって現在まで旧体制の改造だけが問題であり、その指南役を担う批判原理も十分に確立していた。したがって、この事業において雄弁の威力がとりわけ発揮されたとしても、それは当然のことであり、まさに日頃からこの技能を磨いてきた人たちこそ〔ロベスピエールに代表される〕法律家だったのである。この技能は確かにまったく取るに足らぬものとはいえ、ある見解がどのように形成され、どのような検討にかけられたのかもお構いなしに、ひたすらその見解を勝たせることだけを目的としているので、まさにプロパガンダには最適なのである。確かに批判原理を編み出したのは法律家ではなく形而上学者たちであり、彼らは世俗面での法律家階級に対応する階級を精神面で形成している。しかし、この原理を広めたのはほかでもない法律家たちであった。封建的・神学的体制との直接闘争の間ずっと政治の舞台の中心を占めてきたのも彼らである。したがって、法律家だけが批判原理の運用に熟知していたのであるから、この原理に則って旧体制を改造するとなれば、その指導権が彼らの手に落ちたのも当然であった。

すでにその必要性については証明済みの真に組織的な仕事に関しては、もちろん事情は違う。活躍の中心を占めるのはもはや雄弁術、つまり説得の才能ではなく、推論、つまり検討と整合の才能である。法律家は、一般的に前者に関しては最も長けた人であると言えるが、まさにそのために後者に関してはまったくの無能である。彼らは、どんな意見でもそれを納得させる技法を生業としてきたために、訓練してこの種の仕事を身につければつけるほど、ある理論をその真の原理に基づいて整合化する仕事にますます向かなくなるのである。

それゆえ、ここでは無意味な自尊心《アムール・プロプル》など問題ではない。すべては各種の能力と各性質の仕事の間にある必然的で独占的な関係が重要なのである。法律家たちは社会再組織案がまったく誤った精神で構想されていた時代に、その仕事の先頭に立った。彼らはやるべきことを行ったにすぎない。その改革と批判のために呼び出された彼らはそのまま改革を行い、批判したまでだったのである。したがって、彼らが選択したわけでも、間違いを正す義務もなかった方針に欠陥があるからといって彼らを責めるのは酷であろう。この方針そのものが有用・不可欠であった間は、法律家たちの影響も同じように必要であった。しかし、それと同時に認めるべきは、まったく逆の方針が支配的となった暁には彼らの影響は一掃されるべきだということである。社会の再組織化を純実践的事業とみなし、それに必要な事前の理論研究も一切行わずに実行しようなどと主張するのは確かに愚の骨頂である。だがこれを上回る愚行がある。どんな実証的理論観念とも無縁である雄弁家たち、しかも大抵の場合彼ら以上に不適格な連中によって一定の能力の条件もつけずに選ばれているあの雄弁家集団が正しい社会再組織を行ってくれるはずだという不可解な期待がそれである。*

* 私は以上の考察から、決して今日の法律家階級はもはや政治活動を行うべきでないなどと結論づけたいのではない。ただその活動の性格を変更すべきであることを示したいのである。
私の行ってきた推論によれば、社会の現状が要求しているのは、人心を統括する最高権限を法律家は手放すべきだということである。ただその性質上、彼らが他の人々の定めた新しい一般的方針を最重要局面で支

援する役目を担うことにもちろん変わりはない。第一の理由は、法律家は説得術を持ち、他のどの階級にもまして日頃から政治的観点に立つ習慣を身につけている点で、組織理論の採択に全力を挙げて協力すべきだからである。第二の理由は、法律家、そのなかでも実定法を専門に学んだ人たちが主に行政能力を身につけている点にある。この能力は、新社会体制の創設に欠かせない重要能力の一つであり、しかも社会再組織の全般的研究の純精神的部門が完了ないし十分に進展すれば、即戦力になるからである。(8)

実行に移すべき仕事の性格自体が、どの階級がその仕事に取り組むべきなのかを極めて明瞭に示している。この仕事は理論的なものであるから、手続きに則ってもろもろの理論を組み立てることを生業としている人々、すなわち観察科学の研究に従事する学者だけがこの種の能力と知的教養を身につけており、その必要条件を満たしているのは明らかである。重要さの点でも困難の点でも最優先課題に属する一般的作業を社会がいますぐにでも必要としている時に、最良の実施方法を持っていると万民が認める現代最高の知的勢力がこの仕事に従事していないというのは、明らかに異常であろう。なるほど、最大多数の学者と同等か、あるいはそれ以上の理論的能力を持った人たちが社会の別の部門にもいるかもしれない。個人の実際の階級は生まれつきの分類、あるいは生理学的な分類と完全に合致するわけではないからである。しかし、これほど重要な仕事の場合、やはり考慮すべきは個人ではなく階級である。しかも個人については、教育、すなわち観察科学の研究から導かれる知的習慣の体系だけが、個人の生来の理論的能力を適切に発達させることができる。要するに、ある特定の方針決定の際に社会が理論的研究を必要とする場合、必ず社会が伺いを立てるべき先は、その必要に応じた学者の階級であることがわかるのである。それゆえ、これまでその必要性を確認してきた一般理論の研究を指揮すべきは、科学者の連合体ということになる。*

＊　われわれは、観察科学の専門的教養の修錬に生涯をかけたわけではないけれども、科学的能力を身につけている人や、実証的知識の全体を深く研究したおかげで、その知識の精神を体得し、自然現象の主要法則に親しむようになった人も、ここでは常識的な意味で学者の数にカウントしている。

新しい社会理論を形成する際の中心的な活動は、確かにこの学者の階級に委ねられてはいるが、まだその数はごくわずかである。それ以外の学者たちは、政治学を創設するための真に能動的な活動を行うには、あまりに個人的な関心に没頭しすぎており、また今日のこの専門分化に起因する若干の知的悪癖にいまだにひどく毒されてすらいる。しかし、彼らもまた政治学の創設という大仕事のなかで、消極的ではあるが、極めて重要な役割を果たしている。それはいろいろな研究を自発的に判定する役目である。新しい哲学的指針に従う人々が獲得する成果は、この専門学者たちがそれを彼らの日々の研究と同じ性格を持つものとして受け入れて、初めてその価値と影響力を持つからである。

私がこのような説明をしたほうがよいと感じたのは、ほかでもない、多くの読者の心におのずと浮かぶはずの反論を予防するためであった。しかし、それに劣らずこれも自明なことだが、組織理論の構築において科学階級の能動的な部分と単なる受動的な部分を区別したのは二次的なことにすぎず、本論で示された基本的主張になんら影響を及ぼすものではない[9]。

しかも、事態の進展を正しく見極めれば、この点に関するどんな誤解も防ぐことができる。

なぜなら、いくつもの明確な見地からして事態の進展は、学者の階級しか社会再組織の理論研究を適切に進められないことを示しており、したがってそこにはこれ以外の選択の余地などまったく見当たらないからである。

来るべき体制では、精神的権力は学者の手に、世俗的権力は産業の指導者の手に握られることになる。したがって、新体制が樹立されてからこの二つの権力がこの体制を日常生活のなかに浸透させるために働くのはもちろんだが、この体制を形成する際にも両権力が活動するのはいたって当然のことである。ただ、そこには今日行うべき仕事のほうがはるかに重要であるという違いがあるだけである。この仕事は、最初に扱われるべき精神的部分と、続いて扱われる世俗的部分に分かれる。それゆえ、この仕事の第一系列に取り組む役目が学者であり、この学者が打ち立てた基礎の上に行政制度を組織するのが要職にある産業者たちである。以上が事態の進展が示す簡潔な足取りである。またそれによれば、新体制の権力の構成要素をなし、いつかはその体制のトップに立つべき階級だけが新体制を樹立できる階級である点も明らかである。なぜなら、新体制の精神をしっかりと把握して、自分たちの習慣や利害から生まれた衝動によってこの方向へ前進できるのは、この階級だけだからである。

社会再組織の理論研究を実証的な学者に委ねるべきであることは、また別の考察からもはっきり示されている。

序論でわれわれは、批判理論が大多数の人心に生み出され、彼らのうちに一般的政治観念の最高審判者を自称する習慣が次第にはっきりと植えつけられていった流れを確認した。このような知性のアナーキー状態を基本原則に掲げることは社会の再組織化にとって明らかな障害である。それゆえ、有能な現実的能力の持ち主たちが、もし知性のこんな状態のせいで、自分の権威を認めさせる力を事実上奪われているとしたら、彼らが現在の危機を収束させようとまともな組織理論をこしらえたところで、まったくの無駄骨に終わるだろう。こうした条件も整っておらず、しかも場当たり政治の恣意的で自惚れきった管轄下に置かれるとなれば、彼らの仕事が万民に受け入れられることなどまず不可能である。ところで、社会全体を一瞥してすぐにわかるのは、こうした精神的影響力を今日主として握っているのは学者たちなのである。彼らだけが疑問の余地のない権威を理論面で行使している。このように、彼らだけが新しい組織理論を形成する能力を持っているのだが、それに加えて、その理論を認めさせるために必要な精神的権威を持っているのもやはり学者なのである。この精神的権威にとって、精神的至上権を個人の生得の権利だと主張する批判的偏見は障害となるが、この障害を克服できるのも学者をおいてほかにない。彼らこそこの偏見を覆すことのできる唯一のテコを握っているのである。個別の理論的観念に関しては学者の決定にすべて従うというのは、実証科学の成立以来、社会が徐々に身につけてきた習慣である。そうであるなら将来的に一般的理論観念の整合化を引き受ける時も、学者はこの習慣をそのまま適用できるはずである。

このように、今日の学者は、能力と理論的権威という精神的統治の二大要素を、他のどの階級にもまして手にしているのである。

この二つの要素に劣らず、学問的勢力に特有のもう一つ重要な最後の特徴についても触れておいて損はないだろう。

現在の危機は、各国ごとに程度の差はあるが、明らかに西ヨーロッパ諸国のすべてに共通している。ところが、まるでこの危機が単なる国単位のものであるかのように国ごとに対処されている。しかしヨーロッパ規模の危機には、ヨーロッパ規模の対処法が必要であるのは明白である。

このように諸国民がバラバラなのは、神学的・封建的体制が没落した結果にほかならない。この没落によって、この体制がヨーロッパ諸国民の間に築き上げてきた精神的紐帯が破壊されてしまったからである。人々はこの紐帯の代わりに、名目上はヨーロッパの勢力均衡〔ウィーン体制〕という体裁のもとに相互敵対状態を作り上げようとしたが結局無駄であった。批判理論は、その古い基本原理を使って自分が破壊した調和を再建する能力を持っておらず、それどころか調和から遠ざかってすらいる。その理由は、第一に、批判理論はその性質上、不和を志向する。第二に、各国民のそれぞれが多様なレベルで旧体制の修正をこの理論に則って要求するため、彼らの間にこの理論の原理自体に関して完全に一致することなどありえないからである。

ヨーロッパ文明の現状がこれほど要求している結束を生み出せるのは、真の組織理論をおいてほかにない。現在の西ヨーロッパの全国民に対して、彼らに参加を呼び掛けている社会組織体制がいかなるものかを提示できれば、この組織理論によってこの結束は間違いなく実現するはずである。各国民は、自分たちの置かれているそれぞれの知的状態に応じて、時期に多少の違いがあるとはいえ近い将来、完全にこの体制に与ることになるであろう。さらに注目すべきは、この結束が旧体制の生み出した結束よりも完璧なものとなるであろうという点である。旧体制の結束が精神的な関係でしかなかったのに対して、今日の結束は必然的に世俗的な関係でも結ばれることになるので、その結果、諸国民が完全かつ永続的な真の一般社会を構築することは必定である。実際、ここでこのような検討を行うのは場違いだが、簡単に次のようには指摘できる。すなわち、西ヨーロッパの諸国民は文明状態の違いに応じて、それぞれ体制全体のある特定部分に取り組むのに最も適した状態にあり、諸国民が協力することの直接的な利益の源はまさにこの点にあるのだということである。いずれにしても、諸国民もまた一丸となって新体制の創設に協力しなければならないというのが以上の議論の帰結である。

この観点から新しい組織理論を考えてみると、この理論の形成と確立を担う権力は、多様な文明諸国民の結束を生み出す条件を満たさねばならず、そのためにはヨーロッパ規模の勢力でなければならないのは明らかである。これまで学者の勢力の特徴をいくつか挙げてきたが、実はこの点もまた、学問の力だけが持つ特権的な性質なのである。学者だけが緊密で活発な真の同盟関係を作って、ヨーロッパの端から端までそのメンバー全員が互いに理解し合い、簡便かつ頻繁に連絡を取り合っているのは周知の事実である。その理由は、まさに今日では彼らだけが統一の言語や永続的な全般的活動目標といった共通観念を有しているからにほかならない。学者の階級以外の階級がこうした強力な利点を持ちえないのは、その他の階級ではこれらの条件を完全には満たせないからである。産業者たちはその仕事と習慣の性質上、すぐれて結束しやすいはずなのだが、その彼らでさえ真のヨーロッパ規模の結束をいまから立ち上げるには、野蛮な祖国愛に由来する憎悪心にいまなお囚われすぎている。それゆえ、この結束を作り出すことができるのは学者の活動をおいてほかにない。

学者たちが新社会理論の形成に全精力を傾けるようになれば、彼らの現在のネットワークがはるかに強固なものになるであろうことは、おそらく論じるまでもあるまい。この結論はまったく自明であって、なぜなら社会的紐帯の力は結社《アソシアシオン》の目的の重要度に必ず比例するからである。学者に特有のこうしたヨーロッパ規模の勢力の真価を十分に理解するには、現在のわれわれの関心に沿って、国王の行動を民衆の行動と比較してみなければならない。

前に指摘したように、国王側が従った指針は細かな点まで過去の歴史のなかにまるごと示されていたため、彼らは原理的には誤った計画に従っていたが、民衆よりもはるかに計画的にそれを実行へ移した。だから、われわれの問題関心からみると、民衆が孤立するのに対して、国王たちは個々の努力を全ヨーロッパ規模で結束させることができるのである。この事実だけでも、国王側は民衆よりも比較的有利であり、逆に民衆はこれに対抗する手段をなんら有していないだけに、この利点は極めて重要になってくるのである。

この利点のためになおも残存しているこうした特権身分に対して、民衆のオピニオン・リーダーたちはひたすら抗議の声を上げただけだった。彼らは、一般命題として、各国はお互いの国の社会改革に干渉すべきではないと唱える。ところが、この原則は批判理論を対外関係に適用したものにすぎず、この理論を構成しているその他のドグマもそうだが、まったく誤っている。というのも、この原則は、その他のドグマ同様、単なる一時的な現象を誤ってどこまでも一般化し、旧体制下でヨーロッパ諸国間に存在していた紐帯をひたすら解体しているだけだからである。西ヨーロッパ諸国民は、その発展段階を見ても、その現状を見ても、各国間の一致や連鎖からして一大国家を形成しており、そのメンバーである各国民も、単一国家の各部門が享受している権利と比べれば、確かにそれほど広範ではないが、それでも同じ性質の権利を相互に有していることは明白である。

しかも、仮にこのような批判思想が正しいとしても、目的は達成されるどころか、むしろ遠ざかってすらいる。この思想のせいで諸国民の結束が妨げられているからである。ある勢力は別の勢力をもってしか制しえないとすれば、唯一ヨーロッパ規模を誇る学者の勢力が社会再組織の大仕事を指導しない限り、諸国民はヨーロッパ規模で王権に対して劣勢に立たされ続けるのは当然である。精神的な同盟は純世俗的な同盟に必然的に優越している点を割り引いても、諸国民にとってこの学者の勢力だけが神聖同盟に現実的に匹敵するものとなりうるのである。

以上を要約すれば、社会再組織に不可欠だと認められる予備的な理論研究を学者に委ねる必然性は間違いなく次の明確な四つの考察に基づいている。そのどれをとってもそれだけでこの必然性は十分に証明できよう。(一)、学者だけが、その知的能力と知的教養の性質の点で、その理論研究に取り組むのに適任であること。(二)、今後組織される体制の精神的権力として、学者がこの役割を引き受けるのが事態の自然な流れから当然であるということ。(三)、新しい組織理論が完成した暁には、学者だけがその理論を今日受け入れさせるのに必要な精神的権威を有しているということ。最後に(四)、既存のあらゆる社会勢力のなかで学者の勢力だけが唯一ヨーロッパ規模であること、以上である。これだけの証拠が揃えば、学者の偉大な理論的使命をどんな不確実さや反論からも間違いなく守ることができるに違いない。

以上のことから次のような結論が出てくる。まず、社会再組織の立案の面で民衆が犯した主な誤りは、この作業を実行に移す際の間違った方法に最初の原因があること。次に、この方法の誤りは、社会の再組織化が本質的には理論的なものなのに、完全に実践的な作業だとみなした点にその原因があること。次に、事態の自然な流れからも、最も納得のいく歴史的経験からも、社会再組織の全体的な仕事は、理論と実践の二つの系列へと絶対に分割しなければならず、前者は後者の基礎に役立つようにあらかじめ仕上げておく必要があること。次に、前提となるこの理論研究を開始するには、これまで主役だったまったく不適格な勢力とは一線を画す、新しい社会勢力を動員しなければならないこと。そして最後に、以上の極めて明瞭ないくつもの理由から、この新社会勢力は観察科学の研究に従事する学者の勢力でなければならない、ということである。

以上の考察の全体的な目的は、一般的な観点に立ってざっと全体が見渡せるような高みへと思想家たちの精神を徐々に引き上げて、社会再組織のために現在まで従ってきた方法がいかに誤りであり、今日採用すべき方法の性格とは何かを理解させることにあるといってよい。要するに、すべては政治のためにヨーロッパ規模で学者の勢力を結集し、実践とは一線を画する理論、現在の知性の状態に見合った新しい社会体制の構想を目的とした一つの実証理論を樹立することに集約されるのである。さて、この結論を省みるなら次のように要約できよう。いわく、今日の学者は政治学を観察科学の域に引き上げなければならない。

われわれが立つべき最高の決定的観点がこれである。この観点に立てば、本論の冒頭から行ってきた議論の内容をすべて、実に簡単な一連の考察にまとめることも難しい話ではない。われわれに残された課題はこの重要な一般化の作業を行うことである。これさえできれば、われわれの思考の回転はさらに早まり、もっと遠くまで歩みを進める術を確実に手に入れることができる。

人間精神の性質上、われわれの知識の各部門は、まず神学的・想像的状態、次に形而上学的・抽象的状態、最後に科学的・実証的状態という、三つの異なった状態を連続的に通過してゆく人間精神の歩みに必然的に拘束されている。

まず第一の状態において、当時の学問を構成していた少数のバラバラの観察を結びつける役目を果たすのが超自然的観念である。言い換えれば、観察された事実は、創作された事実によって説明される、つまりア・プリオリに目の前に現れる。幼年期にあるすべての学問は必然的にこの状態にある。たとえ不完全でも、それは諸事実を結びつけるためにこの時代に唯一可能な連結様式であった。したがってこの状態は、なんらかの連結点を何よりも必要とする精神的な活動を維持して、事実に推論を行うための唯一の道具をもたらした。一言で言えば、それはさらに先へ進むために欠かせないものである。

第二の状態はもっぱら第一状態から第三状態への移行手段の役割を担う。その特徴は折衷的であり、諸事実を結びつける際の諸観念はもはや完全に超自然的ではないが、純粋に自然的というわけでもない。一言で言えば、それらは擬人化された抽象観念である。その人の精神が神学的状態に近いのか、あるいは科学的状態に近いのかに応じて、こうした観念を随意に超自然的原因の神秘的名称だとみなすことも、あるいは単なる一連の現象の抽象的表現だとみなすこともできる。この形而上学的状態は、これらの事実の数がもっと多くなっても、さらに大枠の類推のもとに諸事実が互いに結びついていることを前提とする。

第三の状態はすべての学問の最終形態であって、先の二つの状態はどこまでもこの状態を徐々に準備するためのものでしかない。この状態において、諸事実を結びつけるのは完全に実証的なレベルにある一般観念や一般法則であり、これらは事実そのものから示唆を受けて確証されるのはもちろん、〔論証抜きで〕原理となるほど極めて一般的で単純な事実である場合も少なくない。そしてこうした原理をできるだけ少ない数に還元する努力が払われることになるのだが、ただし、いつまでも観察によって確証できない類の仮説はすべて放棄され、しかもこれらの原理はどんな場合でも、現象を表す単なる一般的表現手段としかみなされない。

　学問の進展に親しんでいる人なら、今日実証的となった四つの基礎科学、すなわち天文学、物理学、化学、生理学――およびそれらの周辺科学――に関しても、以上の一般的な歴史的要約の正しさを容易に検証できよう。科学をその現状でしか検討したことのない人でも、生理学ならこの検証を行うことは可能である。というのも、生理学は最終的にはその他三つの科学と同様に実証的となったとはいえ、現代人でも考え方の違いによっていまでも三つの状態が精神的に存在しているからである。この事実は、生理学のなかでも特に精神的 *moraux* と呼ばれる現象を考察する部門においてとりわけ顕著である。つまり、この現象は超自然的活動が継続している結果だと考える人たち〔神学状態〕もいれば、抽象的存在が活動した不可解な結果なのではないかと考える人たち〔形而上学状態〕や、これを超えては証明不可能となる一歩手前で踏みとどまり、あくまで論証可能な限界内で証明される有機的諸条件によるものだと考える別の人たち〔実証状態〕もいるからである。

　政治学《ポリティック》を一つの科学とみなし、これに以上の観察を適用するならば、政治学はすでに最初の二つの状態を通過し、いまや第三の状態に到達しようとしているのがわかる。

　国王の理論は政治学の神学的状態を示している。結局のところ、この理論の基礎にあるのはまさに神学思想だからである。この理論によれば、社会的諸関係は神授権という超自然思想に依拠しており、アダムから現在まで人類が経験してきた一連の政治的変遷も一貫して、直接的な超自然的方針の影響であると説明される。旧体制の没落が始まるまで、政治学はこのようにしか考えられてこなかったのである。

民衆の理論は政治学の形而上学的状態を示している。それは、文明を介した人間の能力のあらゆる発展に先立つ原初の社会契約という抽象的・形而上学的想定に全面的に依拠している。この理論が用いる推論方法は、万人には等しく生得的な共通の権利があるとするものであり、それを保障しているのがこの社会契約である。批判理論は、もともと旧体制と戦うために神学から引き出され、あとになってから組織理論だとみなされてしまったのだが、その本来の姿がこれである。この理論を体系的にまとめ上げたのが主としてルソーであり、彼の著作は社会再組織に関するもろもろの俗説の基礎となってきたし、いまなおそうである。

最後に、科学的な政治理論は、今日までずっと観察されてきた人類の社会状態はその組織の必然的な結果であると考える。この理論によれば、社会状態の目的は自然のシステム——それは事実上固定されており、説明のつくものではない——のなかで人間が占める位置によって決定される。事実、それが示しているように、自分の利益のために自然を改造しようと働きかける人間の不断の傾向はこの基本的関係から生まれている。次に、この理論は有益な活動が最大限発揮できるように、この自然な傾向を集団的規模で発展させ、管理し、編成することを社会秩序の究極目的とする。そうだとすれば、人類の集団的な発展をつぶさに観察することによって、それが経てきた歩みと、最終状態に到達するまでにその歩みが通過してきたもろもろの過渡的状態を、人間組織《オルガニザシオン・ユメンヌ》の基本法則に服させることがその使命となる。この一連の観察を指針とする科学的な政治理論は、各時代がそれぞれ担う社会改善について、人類が辿りついたその発展の到達地点によって、仮説としてではなく現実に決定されているものと考えるのである。またこの理論によれば、政治政策の唯一の目的は、文明のそれぞれのレベルに応じて、前進の方向を正確に決めてからその歩みを進めやすいように支援することにある。

以上が今日確立すべき実証理論の精神である。それは、文明化された人類の現在の状態にこの理論を適用することを目的とし、それ以前の状態についてはどこまでも科学の基本法則を確立するのに必要な観察対象であるとしか考えない。

政治学がなぜもっと早く実証科学にならなかったのか、なぜ今日になってそれが求められているのかについては、両方一挙に説明するのは簡単である。

政治学がそうなるには、別物だが切り離せない二つの基本条件が必要であった。

第一に、個別の特殊科学がすべて順番に実証的になっている必要があったということ。なぜなら、すべての部分的要素が実証的になっていない限り、全体もそうはならないからである。この条件は今日クリアされている。

各科学はこのような変革が起こるべき自然の順序で、次々に実証的となっていった。この順序は各科学の現象が多少の差はあれ複雑になる度合い、言い換えれば、科学と人間の関係が緊密になっていく度合いに準じている。したがって、まずは最も単純である天体現象に、続いて物理学、化学、生理学のそれぞれの現象に実証理論が適用された。なかでも生理学的現象がそうなったのはつい最近である。政治現象はその他の現象のすべてに依存しているので最も複雑な現象であるから、同様の変革がそれに適用されるのは最後とならざるをえなかったのである。しかし、この変革をもっと早く行うことはできなかったにしても、いまはその実現が求められているのは言うまでもない。

第二に、自然に対する活動を単なる二次的な社会目標とするような予備的社会体制がその末期まで達していなければならなかったこと。

実際、一つには、理論があまりに実践に先走りすぎると、末期になるまでその確立は見込めないからである。理論は実践の指南役だとすれば、実践が見えなくなるところまで先走ってはならない。もう一つには、理論はこの時が来るまで十分な経験的基礎を持ちえなかった点にある。一つの理論が幅広い経験に基づいて確立するには、複数の大国の非常に多くの国民によって承認された社会秩序体系が成立し、できるだけその体制が存続していなければならなかったからである。

第一条件と同様、この第二条件も今日ではクリアされている。神学体制は人間精神を科学的体制へと促す役目を果たし、ようやくその末期に到達した。神学体制の転覆だけを目論む形而上学的体制が諸国民の間で幅広い支持を獲得したのがその証拠である。それゆえおのずと確立すべきは科学的な政治学ということになる。なぜなら、なんらかの理論が絶対に必要である以上、もし科学的政治学が確立されないなら、神権政治の復活を想定せざるをえなくなるからである。形而上学的政治学について言えば、それは厳密にはまともな理論ではなく、過渡期にのみ通用する批判理論にすぎない。

要約しよう。いまやヨーロッパ規模の学者連合の手で政治学を観察科学の域まで引き上げねばならぬ精神的変革以上に、不可避的で成熟した喫緊の変革はこれまで存在しなかった。現在の大危機に対して真の支配力を行使できるのはこの変革だけである。この支配力だけが、知性の状態が強く求める完成された社会体制へと社会を正しく導くことによって、この危機を一掃し、社会を脅かしている恐るべきアナーキーの爆発から社会を防衛することができるのである。

このような有益な使命を担った学問的勢力をできるだけ素早く働かせるためには、観察科学の域に政治学を引き上げて社会の再組織化を目指す理論研究の概要を示す必要があった。私はそのプランをあえて立案してみたのだが、ここでそれをヨーロッパの学者たちに謹んで提案するものである。

私は自分のプランが採用されようが、却下されようが、この議論が始まれば、必ずや最終プランの立案に着手するものと確信している。それゆえ、長く恐ろしい苦悶に苛まれている社会になり代わって、私はヨーロッパの全学者に向かってためらわず次のように強く求めたい。すなわち、この苦悶から社会を救うことができるのは皆さんだけであり、私が提案する組織的研究の全体的見取図に対して、どうか皆さんの意見を自由に公表していただきたいということである。

本論は三つの研究系列から構成されている。

第一系列の目的は、政治学から神学的性格と形而上学的性格を完全に一掃して、その代わりに科学的性格を与えるために、政治学の実証的基礎となるべき人間精神の一般的な歩みに基づいて歴史的な観察体系を構築することである。

第二系列の目的は、自然への働きかけができるように生まれ変わった社会にふさわしい完全な実証教育体系を創設することである。言い換えれば、実証教育はこの働きかけを、それが行為者の能力に左右される限りで改善することを目指す。

最後に第三系列の目的は、文明人がその知識の現状に照らして、自らの利益になるよう自然を改造するという目的に全精力を傾け、社会政策もどこまでもこの目的を実現する手段なのだと考えた場合に、彼らが自然に対して働きかける集合的活動とはどのようなものかを概説することにある。[10]

第一系列の研究

政治学を実証的に扱うためにクリアすべき基本条件は、社会秩序の計画が事柄の性質上、どの範囲まで及ぶのかを正確に決定することにある。言い換えれば、その他の諸科学に倣って政治学も、観察の役割と想像力の役割をはっきり区別し、後者を前者に従わせなければならないということである。

この中心思想をもれなく示すためには、実証政治学の一般精神を神権政治論のそれや形而上学的政治学のそれと比較してみる必要がある。比較を簡略化するために、神権政治論と形而上学的政治学の二つの一般精神を一緒にまとめて考察するほうが都合がよく、そうしたところで結果に違いが出るわけではない。なぜなら、総論で示したように、形而上学的政治学の一般精神は実は神権政治論のそれとほとんど違いはなく、本質的な違いがあっても、前者は後者よりも性格があまりはっきりしないというぐらいのものだからである。

神学的状態と形而上学的状態にある科学はすべて、観察に対する想像力の優越という共通の特徴を持つ。この点において、二つの状態の唯一の相違は、前者では想像力が超自然的存在を対象とするのに対して、後者では人格的抽象物を対象としていることだけである。

こうした人間精神の状態は必ず一定の結果を引き起こす。それは、人間は万事自分が自然のシステムの中心におり、したがって現象に及ぼす無限の行動力を授けられているのだと思い込ませる点にある。明らかにこのような思い込みの原因は、想像力が概して自分の名声や権力を誇大に考えすぎてしまう人間の本性的傾向と手を結んで幅を利かせているためである。こうした幻想は、人間理性の幼年期によく見受けられる著しい特徴をなしている。

いろいろな科学を実証状態まで引き上げた諸変革は、哲学的観点からみると、人間の観念の当初の序列を転倒させるという一般的な効果をもたらした。

これらの変革の基本的性格は、当時まで想像力に与えられていた優越性を観察へと引き渡すことにあったので、そこから導かれる結果もまた逆転することになった。人間は自然の中心から退いて、現実に占めている位置に戻っていった。同様に人間の活動も、その現実的制約の範囲内にとどまって、もっぱら人間が観察できる一定数の現象をある程度相互に調整するだけとなったのである。

以上の歴史的な流れを押さえれば、実証科学の考え方に精通している人なら、今日の実証諸科学についてもこの事実は十分に確認できるだろう。

たとえば、天文学において、人間は当初、天体現象が人間の手で操れるとまでは言わないにしろ、少なくとも人間生活の万事と密接な関係があると考えるところから出発した。だから、宇宙全体のシステムのなかで人間は実は取るに足らぬわずかな場しか占めていないことを人間に悟らせるために、これまで最大限の労力が払われ、無数の強力な論証が必要だったのである。化学においても、人間は、最終的には地上の多様な物質の相互作用の結果を観察することに落ち着きはしたが、それでも当初は、物体の内的性質を自分の好きなように変更できると信じていた。同様に医学においても、当初は人間の組織の障害を随意に治したり、組織の破壊原因にいつまでも抵抗できるとさえ信じられていた。人間の医療行為はそれが組織の働きと一致しない限り、いわんやそれと対立する限りはまったくの無駄であることがついに認められるまでは、長い時間を要したのである。

政治学も、他の科学と同様、事物の本性に基づくこの法則から逃れることはできなかった。現在まで政治学が位置してきた、そしてなおも位置している状態は、天文学にとっての占星術、化学にとっての錬金術、そして医学にとっての万能秘薬の探求とまったく同じ位置づけにある。

第一に、先の総論から明らかなように、神権政治論と形而上学的政治学をその実施方法からみると、両者は観察に対する想像の優越の点で一致している。なるほど、現在まで観察が政治理論に利用されたことはなかったとまでは言えないだろうが、たとえ利用されても、錬金術時代の化学がそうであったように、どこまでも端役どまりで、やはり想像力の指導に従っていたのである。

このような想像力の優越は、その他の科学について上述してきた結果と同じような結果を必然的に政治学にももたらしたに違いない。そのことは、理論的な観点から神権政治論と形而上学的政治学を検討して両者に共通する精神をじかに観察してみれば、容易に確認することができる。

これまで人間は、社会秩序の改善にとって自らの政治計画が全能だと信じて疑わなかった。言い換えれば、人類はこれまで、固有の政治的衝動を有しておらず、立法者が十分な権威を盾に人類に授けたいと思う衝動を、それが何であれ、いつも受動的に受け入れてきた存在だと考えられてきたのである。

その必然的な結果として、神権政治論であれ、形而上学的政治学であれ、政治理論には常に絶対的なものが支配してきたし、いまなお支配している。この二つの政治理論が掲げる共通の目標は、どのような文明状態にあるのかまったくお構いなしに、最も完璧な社会秩序の永遠のモデルを、独自の仕方で打ち出すことにある。そして両者とも、この目標を実現した制度システムを自分だけが発見したと言い張っている。この点について両者の唯一の分水嶺は、神権政治論は自分の立てる計画にどんな重大な変更も一切禁じているのに対し、形而上学的政治学は自分と同じ路線内であれば、計画の検討を許容する点にある。この点を除けば、両者はどちらも絶対的な性格を有している。

この絶対的性格は、実際の政治政策に理論が適用される際にさらにはっきりと現れる。どちらの理論も、あらゆる政治的病害——その性質がどうであれ、また処方が必要な当該国民の文明レベルがどうであれ——に処方可能な、確実に効果のある一種の万能薬のように自らの制度システムを考えているからである。また同様に両者とも、自分の打ち出した不変の改善モデルにどこまで沿うのか、沿わないのかという尺度だけで、さまざまな文明期のさまざまな国民の政体を判断している。たとえば最近の顕著な一例を挙げれば、神権政治論の支持者と形而上学的政治学の支持者が短期間のうちに相次いで、ヨーロッパの先進諸国よりも社会組織の点でスペインのほうが優っているなどと宣言したが〔スペイン第一次内戦を指す〕、政治体制の面でスペインよりも下に置かれたフランスやイギリスと文明化の面で比べれば、やはりスペインのほうがいまなお劣位にある点をどちらの支持者もまったく考慮していない。この種の憶断はいくらでも挙げられるが、これらは神権政治論や形而上学的政治学の精神がいかに文明状態を完全に無視しているのかを如実に物語っている。

両者の政治論の最後の特色として指摘すべきは、その理由は違うが、どちらも極めて不完全な文明状態に合わせて社会組織を完成させようとしている点で、概ね一致していることである。形而上学的政治学を体系化したルソーに代表されるように、その最も強固な信奉者たちは、社会状態が想像上の自然状態からの堕落であると考えるまでに至ったが、これは原罪による人類の堕落という神学思想の単なる形而上学版にすぎないのである。

以上の正確な要約から確認できるように、観察に対する想像力の優越は、かつてその他の諸科学が実証的になる前に想像力が生み出した結果とまったく同様の結果を、政治学においても引き起こしたのである。文明状態を無視して最良の政体を絶対的に追求するなど、あらゆる病気と体質に万能な治療法を追求するのに等しいことは言うまでもない。

神学的・形而上学的政治学の一般精神を最も簡潔に表現するなら、以上の主張からもわかるように、次の二つの本質的な考察にまとめられる。まず実施方法に関して言えば、それは観察に対する想像力の優位である。次に研究の指針となるべき一般観念に関しては、それは一方で社会の組織化を抽象的に、つまり文明の状態とは無関係なものと考え、他方で文明の進行を法則の埒外にあるものとみなす点にある。

これらの精神を逆にすれば、実証政治学の精神はおのずと明らかとなる。なぜなら、これまでの論証によれば、その他の科学の推測的状態と実証的状態の間にはすべて同様の対立関係がみられるからである。同様の知的操作によって、過去について観察された類推をそのまま未来にまで当てはめてみればよい。そうすれば、この作業から次の結論が得られるだろう。

第一に、政治学を実証的にするには、その他諸科学と同様、想像力に対する観察の優位を政治学に導入すべきだということ。第二に、この基本条件をクリアするには、一方で社会組織はそれと不可分な文明の状態によって確定されており、他方で文明の進行のほうは事物の本性に基づいた不変法則に従っていると考えなければならないということ。この後者の二つの条件がクリアされない限り、政治学が実証的になる望みはなく、しかも結局は同じことだが、観察が想像力に優位に立つこともないであろう。だが逆に言えばこれも自明のことだが、もし政治学が実証的となり、政治理論がこの精神によって完成されれば、事実上、想像力は観察に従うことになるので、政治学は実証的になるであろう。このように結局は、この二つの条件にすべては帰着するのである。

以上が、政治理論の実証研究を行う際に求められる二つの中心思想である。この思想の持つ重みを考慮するなら、さらに詳細な検討がどうしても必要である。ただここではその思想の証明を行うことが重要なのではない。証明は、あくまでその研究が実行に移された時の結果として現れよう。むしろここでは、その思想を判断する資格のある人たちが既知の一般的諸事実に照らして一種の事前検証ができるように、この思想を余すところなく開陳することにしたい。この検証を行えば、政治学は観察科学のように扱えるのだという可能性を十分に確信してもらえるはずである。そしてこうした確信を与えることができるなら、われわれの本望は達成されたことになる。

文明とは、元来、一方では人間精神の発達であり、他方ではその結果としての、自然に対する人間の活動の展開である。言い換えれば、文明の観念の構成要素は科学、芸術、そして産業ということになる。ただし、最後の産業という表現は、いつも私が含みを持たせているように最も広い意味で理解してもらいたい。

この正確な基本的観点から文明を検討してすぐにわかるのは、社会組織の状態は本質的に文明の状態に依存しているということ、そして想像力の政治学が社会組織の状態を文明とは無縁なもの、それどころか完全に独立したものだと考えるのに対し、むしろこの状態は文明の結果だと考えねばならないということである。

文明の状態は、最も重要な次の二点から、精神面でも世俗面でも社会組織の状態を必然的に決定づけている。まず文明の状態は、社会活動の目的がそれによって確定される点で社会組織の性質を決定づけているということ。次に文明の状態は、この全般的活動の先頭に立つべき世俗的・精神的社会的諸力を生み出し、発展させる点で、社会組織の本質的形態を規定しているということである。実際、これは明白なことだが、社会体の集合活動はある共通の目的を目指すその構成員すべての個人的活動の結果にすぎないのであるから、その構成要素と別の性質を帯びることはできない。そしてこの性質も、科学・芸術・産業の状態がどの程度進んでいるのかによって決まることは言うまでもない。またそれ以上に自明なこととして、文明の状態によってその性質が常に規定される支配的な社会的諸力に最高の権限を認めようとしない政治体制が長続きするはずもない。以上は推論から示されることだが、経験からも確認できる。

これまで存在してきた多様な社会組織はすべて、軍事的・神学的体制という唯一の体制を多少変形させたものにすぎなかった。この体制が最初に作られたのは、当時の不完全な文明状態から導かれた自明の必然的結果であった。産業はまだ幼年期にあったので、社会が戦争を活動目的に定めたのも当然であった。とりわけこのような事態が戦争手段の発達を促すとともに、自分の能力を発揮したい欲求や生きる欲求を人間に起こさせる最も活発な刺激によって戦争の掟が課されていた点からしても、それは当然のことであった。同様に、当時の各個別理論はすべて神学状態にあったわけだから、社会的紐帯の役割を担う一般観念も同様の性格を帯びざるをえなかったのは仕方がない。当時は、文明を構成する第三要素である芸術が支配的であった。事実、この最初の社会組織に一様な基礎を与えたのはもっぱらこの芸術である。もしそれが発達していなかったら、どのように社会ができたのか想像もつかないだろう。

この最初の体制が今日まで経てきたいろいろな歴史的修正は、形而上学者たちによってどれも別の体制として解釈されてきたわけだが、引き続きこれらの修正を観察してみても同じ結果が得られるはずである。実際、どの修正のうちにも、その最初の状態にはほぼ皆無だった科学的要素と産業的要素が着実に影響力を増していった一定の成果がみられるであろう。だからたとえば、多神教から有神論への移行やその後のプロテスタントの宗教改革は、主として実証的知識の緩慢だが絶え間ない進歩が生み出したもの、あるいは別の表現で言えば、徐々に古い一般観念とは異質になっていった特殊的諸観念がこの一般観念に及ぼした影響の産物ということになる。同様に世俗面でも、ローマ帝国から中世封建制へ移行した原因や、もっと顕著な例として、自由都市《コミューン》の解放とその帰結たる封建制没落の原因は、主として産業的要素が次第に重視されるようになった点に求めねばならない。要するに、こうした一般的諸事実はすべて、社会組織が文明の状態と密接な依存関係にあることを物語っているのである。

政治学の実証状態に最も近い最良の精神の持ち主たちは、今日ではようやくこの基本原則に気づき始めている。彼らは、政治体制を他の体制と無関係に単体で検討することや、政治体制のほうが自らの活力を社会的諸力から得ている――さもなくばその体制は無力である――のに、逆に政治体制が社会的諸力を生み出しているなどと考えることが、いかに愚かであるかを感じている。一言で言えば、彼らはすでに、政治的秩序がどこまでも市民的秩序の表現であり、またそうでしかありえないと認めているのである。つまり、その意味を言い換えれば、支配的な社会的諸力が最終的には支配的勢力になるということを認めているわけである。ここまで来れば、政治体制は文明に従属しているという認識に達するまであと一歩である。なぜなら、もし政治的秩序が市民的秩序の表現であることが明らかだとすれば、少なくともこれと同程度に、この市民的秩序自体もまさに文明の状態の表現にすぎないことは明白だからである。

なるほど、社会の組織化が今度は文明に対して多少とも活発な影響を及ぼすようになるのは避けられないだろう。しかし、その影響は極めて重要なものであっても、あくまで二次的なものにすぎず、そのせいで本来の依存関係が逆転するようなことはまずありえない。この従属関係が本当にこれまでの指摘通りのものだという証拠は、まさにこの反作用自体を正しく検討することで得ることができる。なぜなら、これまでの経験が示す通り、たとえ社会組織が文明の進行とは逆方向に作られたとしても、最終的には文明が必ず社会組織を圧倒してきたからである。

それゆえ、社会組織は現在のものでも、過去のものでも、文明の状態を無視して考えるのではなく、むしろ文明から必然的に派生するものだと考えなければならない。この原則は、実証政治学の精神を決定する二つの基本思想の一つとして認めるべきである。研究の便宜上、しばしば社会組織と文明を別々に分ける場合でも、こうした抽象的操作はどこまでも一時的なものであり、事物の本性が定める従属関係を決して見失うべきではない。

もう一つの基本思想というのは、文明の進歩は必然的法則に従っているという原則である。過去の経験は、文明の漸次的発展が人間組織の諸法則に由来する揺るぎない自然の歩みに従っており、そうであればこの歩みこそがあらゆる政治現象の最高法則になるということを疑問の余地なく証明している。

ここでは、この法則の特徴を詳述したり、それをごく簡単にでも歴史的事実によって検証することはもちろんできない。以下では、この基本思想について若干の考察を行うにとどめよう。第一の考察から了解してもらいたいのは、政治現象の説明にはこのような法則を想定する必要があるという点である。

どんな思想的見解を抱いているにせよ、主要な歴史的事実についてある程度の知識がある人なら、文明人の全体を眺めてみれば、それが歴史の原初から現代まで絶えず文明として進歩してきたことは万人の認めるところであろう。この命題中の文明という言葉は、これまで説明してきたような意味で使っており、したがって社会組織もそこに含まれる。

この重大な事実は、アラビア人がヨーロッパに観察科学を導入し、自由都市が解放された十一世紀から現在までの期間に関しては、なんら疑いようがない。だがそれ以前の時期についても、この事実は当てはまる。古代人は先進の科学的知識の保有者だったと言い立てる碩学〔新旧論争の古代派〕の主張にまったく根拠がないことは、今日では学者たちも認めている。アラビア人が古代人を追い越したことは証明済みである。産業に関しても事情は同じ、もしくはそれ以上にはっきりしている。少なくとも、完全に偶然の状況に左右されるわけではなく、真の能力が要求されるものに関してはすべてそう言える。芸術はその例外と言えそうだが、そうであってもこの例外もごく自然に説明のつくものであり、文明の進歩ということの命題は十分な一般性をやはり有している。最後に社会組織に関して言えば、それはこの同じ時期にキリスト教を確立し、ギリシア・ローマの社会組織より遥かに優れた封建制を形成した点で、最大級の進歩を遂げたことは火を見るよりも明らかである。

それゆえ、文明が絶えずあらゆる分野で前進してきたのは疑いない。

その一方で、過去の歴史に対して形而上学が放った不当かつ盲目的な中傷の精神を受け入れたわけでもないのに、現在まで政治学が幼年状態にあったせいで、文明化を目指して立てられた実践計画は、文明の前進にとって常に最善だったわけではなく、しばしばその計画自体が文明の歩みを促すどころかひどい妨害の種でさえあったことは認めざるをえない。主要な政治活動が完全に停滞的な方針ですべて計画された時期ももちろんあった。それは一般的には体制の没落期、たとえばユリアヌス帝の時代、フィリップ二世とイエズス会の時代、最後にナポレオンの時代などがそうである。いずれにしても、社会組織は文明の歩みの指南役であるどころか、逆に社会組織のほうこそ文明の産物である点を、これまでの議論からよく確認しておいていただきたい。

明らかに誤った治療を受けながらしばしば病気が治ることから、医者はどんな生体にもその組織の偶発的な変調を回復させる自然治癒力があることを知った。これと同様に、もろもろの不利な政治計画のなかをそれでも文明が歩みを進めてきたという事実は、文明がどんな政治計画とも無関係であり、むしろそれを凌ぐ自然の進行に従っていることを明瞭に物語っている。この原則を認めないとすれば、神権政治論に倣って直接的で絶え間ない超自然的決定でも持ち出すなら話は別だが、こうした歴史的事実の説明はもちろん、なぜ文明が数々の誤りによってこれまで遅れを取るどころか、むしろ常にそれを糧としてきたのかさっぱり理解に苦しむであろう。

しかもこの点に関してさらに注目すべきは、これまで文明の歩みにとって不都合だと思われてきた原因も、実はうわべだけであって、大抵の場合それほどでもなかったということである。ではなぜ不都合だと思われてきたかと言えば、最良の精神の持主たちでさえ、個人にも集団としての人類にも当てはまる有機体の基本法則の一つを現在まで考慮してこなかったことに、とりわけその原因がある。すなわち、すべての諸力が十分に発揮されるには、ある程度の抵抗が必要であるという法則がそれである。ただこう指摘したところで、これまでの考察にいささかの変更もない。なぜなら、障害は力を発揮するには必要だが、力そのものを生み出すわけではないからである。

常識ではいかなる政治的接触も考えられないようなさまざまな国民の間で、文明の発展の点で際立った一致が観察される事実を念頭に置くならば、この第一の考察から導かれる結論はさらに補強されよう。この一致を生み出すのは、文明の自然の歩みが万民にあまねく及ぼす影響以外にはありえない。というのもこの一致は、万人に共通する人間組織の基本法則に由来しているからである。だからたとえば、ホメロスが描くようなギリシア初期の習俗と極めて類似したものが今日でも北米の野生民族の間で発見されたり、あるいは十一世紀のヨーロッパの封建制と本質的にまったく同じものがマレー人の間でも見つかるのである。こうした事例を説明するには明らかに先の説明方法に頼るしかありえまい。

さて、次の第二の考察では、文明の発達を司る自然法則が確実に存在することが容易におわかりいただけるはずである。

これまでの概要に従って、社会体制の状態は文明の状態の一つの必然的産物だということを認めるのであれば、文明の進行を観察することで社会体制の複雑な要素を導き出すことができるし、またそれ以外の諸要素において観察されることは、この要素にもやはり結果的に当てはまるであろう。

このように最小限度の関係にまで問題を還元するならば、文明が一定の不変的な進路を辿っていることにすぐに気づくであろう。

この世を奇跡の舞台とでも考える浅薄な哲学は、人間的事象に対する偶然の影響を、つまり孤立した諸原因の影響を極端に誇張してきた。この誇張が顕著にみられるのがとりわけ科学と技術の分野である。著名な事例のなかでも特に、リンゴの落下からニュートンが万有引力を発見したことに対して、多くの才人たちが特別な称賛の念を抱いてきたことは人の知るところである。

良識のある人なら誰しも今日では一般に広く認めているように、科学的・産業的発見の際に作用する偶然の要素はほんのごくわずかであり、それが重要な役割を演じる時でも、まったくつまらない発見に限られている。だがこの誤りに代わってやってきたのはもう一つ別の誤りであった。これは前者の誤りに比べれば少しはまともだが、結果としてはやはりほぼ同様の難点を抱えている。つまり、偶然が演じていた役割を、これとほとんど同様の性格を有する天才が引き受けることになったのである。このように役割が交代しただけでは、人間精神の働きを少しもうまく説明することにはならない。

これに対して、人間の知識の歴史がこの上なくはっきりと証明しているのは、科学においても、技術においても、あらゆる研究は同世代・世代間を問わず、すべて連鎖しているということであり、このことは最良の精神の持ち主たちにもすでに認められている。したがって、ある世代に起こる発見は、かつてはそれも前世代の発見によって準備されたように、次世代の発見を用意する。個々の天才の力など、世間で信じられているよりはるかに些細なものであることは立証されている。まさしく偉大な発見のおかげで最高の栄誉に値する人間でも、彼の成功の大部分はほとんどの場合、同じ道の先達たちのおかげなのである。一言で言えば、科学・技術の発達の面で、人間精神は最も偉大な知力をもしのぐ一定の進路を辿ってきたということ、そしてこうした偉人たちの知性も、いわばちょうどいい時期に次々と発見を行う単なる担い手として現われるのだということである。

遠い過去の時代から比較的容易に辿ることが可能な科学に考察を絞るなら、個々の科学それぞれの歴史上の大時期、すなわち神学的状態から形而上学的状態、最後に実証的状態への科学の移行は厳格に定まっていることが確かにわかる。この三つの状態は、人間精神の本性に基づいたこの順序に沿って必然的に継起する。ある状態から次の状態への移行は一つの進路に沿って行われ、その主な歩みはどの科学も共通性を持ち、どんな天才といえども重要な中間プロセスを一つも飛び越えることはできない。これらの状態の一般的区分から科学的状態、つまり最終的状態の下位区分へと目を転じてみても、同じ法則がやはり観察される。だからたとえば、万有引力の大発見は十六世紀と十七世紀の天文学者や幾何学者の研究、とりわけケプラーやホイヘンスの研究によって準備されたのであり、彼らの研究がなければこの大発見も不可能だっただろうし、逆に言えばこれさえあれば、遅かれ早かれ引力は必ず発見されたであろう。

それゆえ、以上の議論によれば、文明の進行はその構成要素の面からみても、個々の人間の差異をすべて超えた不断の自然法則に従っていることは疑いないであろう。だから、社会組織の状態は必ず文明の状態に倣うとすれば、文明をその全体はもちろん要素の面から検討してみても、同じ結論が文明にも当てはまるのである。

文明の必然的な歩みをあまねく解き明かしたいというなら話は別だが、そのような進路が確かに存在するということ、また過去の歴史をじっくり観察してその歩みを調べ上げ、それが持つ諸性質を正確に決定し、そして実証政治学の創始が可能であるという点を証明するだけなら、先に示した二つの考察で十分であろう。

次に重要なのは、この政治学の実践的目的を正しく定めることである。つまり、この科学が、社会の要求、とりわけ社会体の現状から強く求められている大規模な再組織化とどのような一般的関係があるのかをはっきりさせなければならない。

そのためにはまず、現実の政治活動が越えられない限界を見極める必要がある。文明の自然の歩みを司る基本法則は、人類が全体として発展する際に必然的に通過しなければならない一連の状態をすべてきっちりと定めている。その一方で、それは自己の改善を目指す人類の本能的傾向の必然的産物でもある。したがってこの法則は、この不滅の傾向を全体として生み出す個々の本能がそうであるように、人間の支配を超えているのである。

人間組織がなんらかの根本的な変化を蒙るなどという考えを支持するような現象はまったく知られていないのであるから、人間組織に由来する文明の歩みも、本質上、根本的には変化はない。もう少し正確に述べれば、文明の進行によって規定されるどんな中間プロセスも飛び越えることはできないし、本当の意味での退歩もありえないのである。

ただ文明の進行は、想定内のいくつかの物理的・精神的原因のせいで、ある程度の範囲内でその速さに多少の変化がみられるだけである。政治計画も、その原因の一つに数えられる。この意味においてのみ、人間は自らの文明の進行に影響を与えることが許されているのである。

この働きかけは種レベルのものであるが、われわれが個人レベルで許されている働きかけについても、両者の起源が同じである点からして、まったく同類のものだと言える。つまり、適切な手段を介して、ある限度まで個人的本能の発達を速めたり、遅らせることはできる。ただし、それを破壊したり、変質させることはもちろん無理である。いずれにせよ種の生命を個人の生命と比較した場合、その限界に関しては程度の差はあれ、種の本能についても事情は同じなのである。

文明の自然の歩みはそれゆえ、社会状態がそのすべての要素の面でも、その全体の面でも受け入れるべき改善とは何かを、あらゆる仮説を排して、各時代ごとに決定する。このような改善だけが実施可能なのであって、哲学者や政治家が作る計画をテコにして、あるいはそうした計画にもかかわらず、必ず実現されるのである。

精神面・世俗面を問わず、人類のために実際に絶えず活動をしてきた人はすべて、この基本的な真理によって導かれ、支えられてきたのであり、この真理がなおも体系的な論証に基づいて証明されていないうちから、彼らは日頃の天才的な本能のおかげでそれを推測することができたのである。彼らは、いつの時代も、文明の状態に応じてどのような変化が起こるのかを見て取り、その変化に対応した理論や制度を同時代人に説くことでこの変化を宣言してきた。彼らの洞察が現実の事態にぴったり符合した場合には、その変化はすぐに誰の目にも明らかとなり、しっかり固定された。長い間、黙々と成長を遂げてきた新しい社会的勢力は、彼らの声に呼応して、突如として政治の舞台に颯爽と躍り出たのであった。

これまでの歴史はどこまでも皮相な精神で記述・研究されてきたために、こうした符合やあれほど際立った結果があったにもかかわらず、人々に教訓を与えるどころか当然の予想に反して、ただ単に彼らを驚かせただけに終わった。こうした事実誤認のせいで、立法者は文明に対して無際限に創造力を発揮できるとする神学的・形而上学的信仰がいまなお影響力を誇ってさえいる。そのため、このような迷信的観念が人々の心にはびこっているのだが、もしその観念が観察に基礎を置いているような外観をしていなければ、彼らはすぐにでもそれを放棄するであろう。このような遺憾な結果は、人々が歴史上の大事件のなかに人間しか見ず、いやがおうにもその人間自身を突き動かす事態をまったく見ない点に由来している。人々は、文明の支配的影響を認めるどころか、先見の明ある人間たちの努力がこれまでの社会改善の真の原因であるなどと考えてきたが、実はこうした改善は彼らの介入がなくても早晩行われるはずのものだったのである。人々は、彼らが原因と呼んでいるもの〔天才〕とその結果〔社会改善〕にひどい齟齬があることにまったく気づいていない。彼らの説明が事実そのものよりもはるかに理解しがたいものになっているのはこの齟齬に問題があると言える。彼らは表面的なものにばかり目を向けて、その背後にある現実を見落としている。要するに、スタール夫人〔『革命終結の現状とフランス共和国創設原理』(一七九八)〕の卓抜な表現を借りるなら、彼らは役者を戯曲と取り違えているのである。

この種の誤りは、クリストファ・コロンブスが予告した日食を彼自身のせいにしたかつてのインディオの誤りと同質のものである。

一般的に言えば、人間が大きな働きをしたように見える時でも、それは人間が独力で行ったわけではなく、人間の力など極めてわずかなものにすぎない。というのも、人間にはどうにもできない諸法則に従って、常に人間には外的諸力が作用しているからである。人間の力はすべてその知性にある。知性のおかげで人間は、これら法則を観察によって把握し、その成果を予見し、その結果として外的諸力をその性質に見合ったやり方で用いる限りで、自分の目指す目的に役立たせることができるのである。いったん演技が始まると、自然法則を知らない観客は、時には役者までもが、単なる予見から導かれるにすぎないものを人間の力が生み出したのだと信じてしまうのである。

この一般的考察は、物理学、化学、生理学の働きに適用するのと同じやり方で、しかも同じ理由から哲学的思索にも当てはまる。どんな政治的行動も、それが文明の力と同じ方向で行われる限り、つまりこの力が現在要求している変革を自らの使命とする場合には、現実的かつ恒常的な効果を得ることができる。だがそれ以外の場合には効果がないか、あっても一時的である。

なかでも最悪のケースは、世俗的・精神的を問わず、立法者が意図するしないにかかわらず、退歩的な方向へ向かう場合であるのは言うまでもない。なぜなら、このケースでは、立法者は自分に力を与えてくれる唯一のものと敵対関係に入るからである。しかし、政治的行動が文明の歩みに好都合な進歩的傾向を有している場合でも、一定の規制を超えて前進しようとするならやはり効果は望めない。文明の歩みとは、それほどまでに政治的行動を厳格に規定しているのである。実際、立法者に全権委任したところで、その取り組む社会改善が自然の進歩に沿ってはいても文明の現状をはるかに超えたものであれば、間違いなく失敗する。これは経験が証明している。だからたとえば、オーストリアを現状の許容範囲を超えて文明化させようとしたヨーゼフ二世の大事業や、フランスを封建制へ連れ戻そうとしたナポレオンの膨大な努力は、この上なく広範な専制権力をともに握っていたにもかかわらず、どちらもすっかり灰燼に帰したわけである。

以上の考察から、真の政治学たる実証政治学は、その他の諸科学がそれぞれ固有の現象を操らないのと同様に、もはや政治現象を操れるなどと主張してはならないということになる。他の諸科学も、それぞれの幼年期には仰々しい空想で彩られていたが、いまではこれと手を切って固有の諸現象を観察し、関連づけることだけに専念している。政治学もこれに倣うべきである。政治学は文明の進行にかかわる特殊な事実をすべてまとめ上げ、できる限り少数の一般的事実に還元することにもっぱら専念しなければならない。これらの一般的事実をつなぎ合わせれば、必ずやこの進行の自然法則が解明され、次いでその速度を左右する多様な原因の影響を調べることができるはずである。

いまやこの観察政治学の実用性をはっきりさせることは容易である。

人類は、引力の法則ほど不動ではないが、それと同じくらい必然的な一つの法則に沿って自らの衝動で動く。だから健全な政治学の目的は、人類を歩かせるというよりも、人類の足元を照らしてその歩みを助けることにある。

文明の歩みも知らないでそれに従うことと、その原因を知っていて従うのとでは、雲泥の差がある。文明が要求するもろもろの変革は、知っている場合はもちろんだが、知らない場合でも、もちろん起こる。しかし知らない場合、変革はずっと遅れるし、特にその変革の性質と重要性に応じて深刻度の点で多少の差はあれ、社会が有害な動揺に襲われてからようやく実施に移される。これに対して、この変革が社会体に引き起こすあらゆる類の軋轢は、いままさに行われんとする変革の正確な理解に裏打ちされた手段を使えば、その大部分を防ぐことができるのである。

この手段とは、文明の歩みの無知から生じる障害をすべて乗り越えて、事物の力だけで社会の改善が行われる日まで傍観するのではなく、その改善がいったん告知されるやすぐにでも決断が下せるようにすることにある。言い換えるなら、実践的な政治学の本質的目的は、厳密には、見当違いの束縛が文明の歩みを妨げることから生じる暴力革命を防ぎ、それをできるだけすばやく単なる精神運動——平時の社会を静かに動かしている運動よりは活発だが同じくらい規則正しい運動——に還元してしまうことにある。いずれにせよ、この目的を遂げるには、文明の現在の傾向をできる限り正確に把握して、この傾向に政治的行動を合わせることがどうしても必要なのである。

階級全体の野心や利害を多少とも危険にさらす〔革命〕運動がまったく平穏無事に進められるなどと期待するのは、なるほど絵空事かもしれない。だがそうは言っても、革命の暴力性は文明の進行を統べる自然法則の無知に大部分の原因があるのに、これまで暴力革命を説明する際に、この理由〔階級の利害〕があまりに重視されすぎてきたのは確かである。

もっぱら無知の産物以外の何ものでもないものがエゴイズムのせいにされることが多すぎた。しかもこの有害な誤りのせいで、公私を問わず人間関係のなかに絶えず憎悪が生み出され続けている。しかし、この場合、現在まで文明の歩みに事実上逆らい続けている人々も、自分の立場が文明の歩みに反していることがはっきり証明されていたら、それにあえて逆らうようなまねはしなかったであろう。わざわざ事物の本性に故意に逆らう非常識な人はいないし、自分ではっきりと空しい行為だとわかっていることを進んで行う人もまずいない。そうであるなら、観察政治学の論証は、その偏見や利害のせいで文明の歩みに抵抗している諸階級にも影響を与えることが可能なのである。

知性が人間の行動に与える影響は、もちろん誇張すべきではない。しかし、論証の力は、これまで考えられてきたよりもはるかに大きいことは間違いない。人間精神の歴史が証明する通り、論証の力は人類最大の団体勢力を敵に回して争うほどの変革をしばしば独力で成し遂げてきた。その最も典型的な例を挙げれば、実証的論証の力だけで地動説が採用されたという事実である。地動説は、当時なおも権勢を誇っていた神学的権力の抵抗だけでなく、虚偽の観念をこれ以上ないほど持ち上げてきたもっともらしい理由に支えられた全人類の鼻柱もへし折らねばならなかったのである。こうした真の論証が生み出す圧倒的な力については、われわれは同じく決定的なその他もろもろの経験からも了解できるはずである。政治家たちが実践面でひどい錯誤に陥っているのは、主として政治学のなかにこの真の論証がいまなお存在しないためである。この論証が姿を現せば、こうした錯誤もほどなく消えていくであろう。

もっとも、考察を利害だけに限ってみても、実証政治学が暴力革命を回避する手段を提供しなければならないことは容易にわかる。

というのも、文明の進行が要請している社会改善によって、ある種の野心や利害は駆逐されるべきだとしても、この改善にとって好都合な野心や利害もまた存在するからである。その上、こうした改善の機運が高まっているこの事実からしても、改善を利とする現実的勢力のほうが——見た目にはいつもそのように見えるわけではないが——反対勢力よりも優っている。とはいえ、この反対勢力が文明の進行を実証的に理解しても、甘んじて必然的法則に従うかどうか訝る向きもあるだろうが、現実的勢力に関しては、この実証的認識の重要性はもちろん疑いを容れない。上昇する諸階級は、自分の果たすべき目的をはっきりと見据えた上で、この実証的知識を指針にできれば、暗中をさまよい歩き、遠回りして無駄骨を折らずとも、まっすぐにその目的に向かって進むことができよう。彼らなら、あらゆる抵抗の芽を前もって摘み取る手段や、反対勢力が事物の新秩序へすぐにでも移れる手筈をしっかり整えることができる。一言で言えば、文明は、事物の本性が許す限りの速さと冷静さでもって勝利を収めるであろう。

要約しておこう。文明の歩みは、厳密に言えば直線上を進むのではない。それは中心線の両側で振幅と速度が変化する一連の漸次的往還運動であり、動力機関が見せるような動きにも似ている。ところで、この往還運動は、運動が常に中心線に集まるように意識して政治計画を立てれば、振幅はもっと小さくなり、速度も速くなるであろう。こうした意識から生まれる永遠の実践的利点がこれである。文明の歩みの要請する変革自体が大規模なものであれば、それだけ利点も大きくなるのは言うまでもない。そうであれば、今日、この利点は最高レベルに達している。というのも、現在の危機を収束させるには社会を再組織するしかないとすれば、この組織化は人類が経験してきた革命のなかで最も徹底した変革となるはずだからである。

それゆえ、実践的な政策全般の基本的構想、つまりその実証的な出発点は、政治的行為を文明の傾向に従わせ、それによって人類が文明の諸状態を順次通過する際に被る宿命的な危機をできる限り緩和・短縮させるために、文明の傾向をまず確定させることにある。

分別のある人々も、[11]政治計画に堅固な実証的土台を与えるには文明の傾向を確定する必要があることを認めはするが、人類に適した実施方法にほとんど通じていないために、文明の一般的進行を確定する際に、その起源から研究する必要はないとか、現在の状態を考察すれば足りるなどと考えるかもしれない。当時まで政治学が近視眼的に見られてきたことを思えば、そう考えるのも無理はないが、その誤りは容易に証明できる。

経験が証明するように、人間精神が実証的な方向に進んでいる限り、最高度の一般性の高みに立つことには多くの利点があり、なんの不都合もない。なぜなら、昇るよりも降りるほうがはるかに易しいからである。実証生理学が幼年期にあった時、人体組織《オルガニザシオン・ユメンヌ》を知るには人間を研究すれば十分だという考えから出発したが、これは今問題にしている誤りとまったく同種の誤謬であった。人体組織の十分に正確な幅広い観念を得るには、人間を動物系列の最終項として、さらにはもっと一般的な視点から有機体全体の一部としてみなすべきだということが、その後判明したからである。生理学が最終的に成立したのは、各種生物の比較検討が幅広く行われ、人間の研究にも一様に導入されるようになってからのことである。

生理学においてさまざまな生体組織にあたるものが、政治学では文明のさまざまな状態である。違いがあるとすれば、文明の各期を考察すべき理由のほうが、生理学者があらゆる生物組織を比較する理由よりもずっとはっきりしているだけである。

現在の文明状態を、それに先行する諸状態を捨象して単独で研究するとしても、諸事実を哲学的に観察するのであれば、確かに実証政治学の形成にとって貴重な材料を提供してくれよう。真の政治家たちが、社会の現実的欲求となるべく齟齬をきたさないように、従来の精神的方針である憶測的理論を修正できたのも、この種の諸研究のおかげであったと言って間違いではない。とはいえ、この種の研究も真の実証政治学を打ち立てるにはまったく不十分であることもやはり確かである。その研究に許されているのはあくまで材料の提供にすぎない。要するに、文明の現状だけを取り出して観察しても、社会の現在の傾向を確定することはできないのであって、その他の時期を取り出しても結果は同様である。

法則を打ち立てるには、一つの項だけでは足らないというのがその理由である。なぜなら、二つの項を比較して発見されたつながりが、第三項による検証を経て、次の項の発見――すべての法則の目的はこれである――に役立つようになるには、最低でも三つの項が必要だからである。

制度や社会観念、あるいは制度システムや理論全体を、その誕生から現代まで辿ってみて、その権勢がある時期から一貫して低下したり、あるいは上昇したりするのがわかれば、この一連の観察からこうした制度や観念が辿る今後の趨勢をかなり正確に予見することができる。権勢が低下している場合には、こうした制度や観念は文明の歩みに逆行していると判断され、したがって消滅の運命にあると結論されよう。逆に、権勢が上昇している場合には、それらは最後には支配的になるはずだという結論が出る。変動の範囲や速度を観察すれば、没落期や絶頂期さえもだいたい算定できよう。それゆえ、こうした研究が実証的知育の宝庫となるのは当然なのである。

これとは逆に、一つの状態を個別に取り出して観察したところで一体何がわかるだろうか。一つの状態のなかには、束の間の習慣にすぎない一時的な行動はもちろんのこと、下降傾向にある理論、制度、階級と、上昇傾向にあるそれらがすべて入り混じっている。いかに精神が明敏な人でも、これほど雑多な寄せ集めのなかで正反対の要素を取り違えずにはいられまい。舞台の上で動きまわる亡霊たちのただ中で、ほんのわずかな現実の物音をどうやって聞き分けられようか。観察者は、過去を指針にしない限り、無秩序のなかをひたすら盲目的にさまよわざるをえない。というのも、現実のあるがままの姿を見通せる視点を観察者に教えてくれるのは過去だけだからである。

各時期の年代学的順序は哲学的順序とはまったく別である。過去、現在、未来という代わりに、過去、未来、現在と言うべきである。実際、一つの点でしかない現在の真の性格を把握しようとする場合、われわれは過去を介して未来を構想した時に初めて、効果的に現在を振り返ることができる。

以上の考察はどんな時代にも当てはまるし、ましてや現代のほうがよく当てはまる。今日、神学的・封建的体制、科学的・産業的体制、そして形而上学者と法律家の過渡的・折衷的体制という三つの異質な体制が社会内で同居している。このように混乱した状況のただ中にあって、過去という松明の灯かりもなしに、社会体の明快かつ正確な分析や現実的で正確な統計を行うことなど、人間精神の能力をはるかに超えている。簡単に論証できることだが、自分の能力を正しく使いこなせば真の実証政治学に達するほどの才能に恵まれた卓抜な人々が、事態の現状だけを単独で考察したために、あるいは一連の観察を十分過去まで辿らなかったばかりに、なおも形而上学に陥っているのである。

したがって、社会の喫緊の要求に応えうる実証理論を政治のために確立するには、以下のような総合的な仕事が必要となる。まず、文明が誕生から現在まで辿ってきたすべての状態を研究すること、それもできる限り遠くまで広く研究すること。次に、もろもろの文明状態を整理し、それに順序立ったつながりを与え、原理となるにふさわしい一般的事実へと組み直し、文明発展の自然法則や、過去から導かれる未来社会の哲学的見取図を明らかにすること、すなわち現代に課せられた全般的な再組織プランを定めること。最後に、新しい社会状態への最終的な移行を促すにはどのような方針を政治的行動は採るべきかを決めるために、以上の成果を現在の事態に適用する必要があるということである。

ヨーロッパの学者の総力に私があえて訴えたい第一系列の理論研究は以上の通りである。これまでの考察全体からも実証政治学の精神は十分に示されているが、それを神学的・形而上学的政治学と比較すれば、さらに正確を期すことができよう。

第一に、社会の現在の欲求について最重要な観点から両者を比較するなら、実証政治学のほうが優っているのはすぐに納得できる。この優位性は、神学的・形而上学的政治学が発明するものを、実証政治学は発見することにある。前者が、唯一可能な最良の体制という絶対的条件に照らして文明の現状に望ましい体制を想像するのに対し、後者は、観察を通じてあくまで文明の進行から必然的に生まれるものとして、望ましい体制を決定するのである。この手続きの違いをみれば、想像の政治学が真の社会組織を見出すことも、観察の政治学がそれに失敗することも、どちらも不可能であろう。あたかも前者が病気を知らずに薬を開発しようと躍起になっているのに対し、体調の主な回復要因は患者の生命力にあることを理解している後者は、危機的症状からの自然治癒を観察から予見するにとどめ、似非療法が引き起こす障害を取り除いてこの治癒を早めるサポートに徹するのである。

第二に、同意可能な理論を人々に提示できるのは科学的な政治学だけである。この点はある意味で最も重要な条件である。

神学的政治学も、形而上学的政治学も、唯一可能な最良の政体を見つけようとして、出口の見えない議論に迷い込んだ。というのもこの種の問いは判断の下しようがないからである。政体は文明の状態に見合ったものでなければならず、またそうならざるをえない。つまり、各時期の最良の政体は文明の状態に最も合致する政体なのである。それゆえ、その他のどんな政体よりも絶対的に優れた政体というものは存在しないし、ありえないであろう。ただ、文明の各状態の間に改善の高低が相対的にあるだけである。ある時期にはうまくいっている制度も、時代が変われば悪くなる可能性があるし、大抵の場合は現にそうなっている。もちろんその逆もまた然りである。だから奴隷制を例に取れば、それは今日ではまったく醜悪なものとされているが、開始当初は、権力者による弱者の人身供儀の防止が目的だったわけで、確かに極めて見事な制度だったと言える。つまり、それは文明の発達全般のなかで避けがたい過渡期だったのである。同様に逆に言えば、ある程度の教養と予見の習慣を身につけた個人や国民にとって、適度の自由は、彼らの能力を伸ばしてくれるという点では実に有益だが、その一方でまだこの二つの条件を満たしておらず、他人のためにも本人のためにも保護・監督が絶対に必要な個人と国民にとっては、自由というのはひどく有害なのである。したがって、唯一可能な最良の政体などという絶対的な問いに対する見解の一致などありえないのは明白である。調和を取り戻すには、神学的政治学がやったように、陳腐な計画の検討を全面的に禁止するしか途はない。神学的政治学は実際に現在まで存続しており、持続という条件をクリアしているのは間違いなく、この点では一貫して形而上学的政治学よりも筋が通っている。周知のように、形而上学はこの方面では、想像力を奔放に働かせて、社会状態が人間の幸福にとって有益であることを疑わせ、ついにはきっぱりと否定するまでに至った。このことは、先の問いに一致をみることが不可能であることをはっきりと示している。

これとは反対に、科学的政治学の実践的な目的は、過去の検討から証明される文明の進行が今日いかなる体制を生み出そうとしているのかの確定にあるので、この問いはまったく現実的《ポジティヴ》であり、観察によってすべて判断可能である。議論の脱線を恐れる必要もなく、自由検討は最大限認められるし、またそうでなければならない。太陽系の運行法則や人体組織の法則に人々が最終的には同意したように、ある程度時間が経ってから、まずすべての有能な人々、そして彼らに続く他の人々が、文明の進行の自然法則やその進行の産物である体制に関して、当初の思弁的見解がどんなものだったとしても、ついには同意に至るはずである。

第三に、実証政治学だけが、人類が専制から脱出できる唯一の道である。神権政治論や形而上学的政治学がなおも幅を利かしている限り、人類は専制のくびきにとどまり続けるであろう。理論面で絶対的なものは、必ず実践面で専制を生み出す。人類は固有の衝力を持っていないから立法者から受け取るべきだなどと考えられている限り、いかに勇壮な美辞麗句を並べようと、最高度の専制がしかも最も重要な局面で必ず布かれる。事柄の性質上、このような事態の進展は避けがたい。その場合人類は、人類のために唯一可能な最良の政体を専断する立法者の方針に従うことになるので、確かに専横は細部においては比較的抑えることはできても、その全体から一掃するのは明らかに不可能であろう。最高の立法者が一人であるか複数であるか、また世襲によるか選挙によるかを問わず、この点についてなんら変わりはない。社会全体が立法者になり代わることが仮に可能だとしても、やはり事情は同じであろう。その場合、社会全体が自分自身に対して専制をふるうことになるのだから、弊害はかつてないほど甚大になるだけの話である。

これに対して、科学的政治学は、専制の生みと育ての親である絶対性と漠然性を一掃することにより、専制を徹底的に追放する。この政治学においては、人類は社会発展の自然法則に従っているものとみなされる。この法則は観察によって確定可能であり、各時代ごとにどのような政治的行動が行われるべきかをできるだけ明確に教えてくれる。だから専制は必然的に終わりを迎える。人の支配に代わって、物の支配が始まる。(12) まさにここにこそ、かの有名なモンテスキューが法という表現に与えた現実的で哲学的な意味において、政治学における真の法〔loi=法則〕が存在する。どのような統治形態を取ろうとも、その細部においては、少なくとも根本から専横がぶり返すことはありえない。政治においては、真の最高法規によってすべてが決められている。この最高法は、いかなる行為の影響も受けつけない人間組織《オルガニザシオン・ユメンヌ》の性質に結局のところ由来しているので、あらゆる人間の努力を超えているものと認められる。要するに、この法は、神学的専制、つまり王権神授説と、形而上学的専制、つまり人民主権をおしなべて効果的に排除するのである。

もしこのような法の最高支配を、既存の専横の一変形にすぎぬと考える人がいるなら、引力法則が自然にあまねく及ぼしている不変の絶対的支配はもちろん、まさに文明法則の生みの親である人間組織の法則についても、やはり同じくらい現実的な圧制、しかも変則的な点でそれ以上によく似た恣意的専制だとして、同じように文句を言ってしかるべきであろう。

以上の結果から、政治における観察と想像力それぞれの領域の正確な配分がおのずと決まってくる。これが確定できれば、新しい政治学の一般精神の見取図は完成する。

そのためには、二種類の仕事を区別しなければならない。第一の仕事は、まさしく政治科学をなすものであって、現代に見合った体制の構築にかかわる。そしてその普及を担うのが第二の仕事ということになる。

第一の仕事においては、その他の科学においてと同様、想像力は常に観察の指図を受けるまったく二次的な役割しか果たすべきでないのは明白である。過去を研究する際も、最終的な継起関係が事実そのものから直接に導かれるまでの間は、諸事実を関連づける一時的な手段を発明するために、想像力は利用できるし、また利用すべきである。この点は常に念頭に置いておかねばならない。ただし想像力の適用が許されるのは、どこまでも二次的な事実だけであり、それを破ればもちろん濫用となる。第二に、今日の社会再組織の手本となるべき体制は、ほぼ全面的に過去の観察から決定すべきである。過去を研究すれば、この新体制の全貌だけでなく最も重要な諸部分に至るまで、この仕事に手をつけた学者ならおそらく舌を巻くほどの精度で決定できよう。とはいえ、以上の方法から得られたこの正確さも、産業家にこの体制が移譲され、総論で示されたプランを基に彼らが自らの実践計画に沿って体制を動かせるレベルまで、そのまま維持できるわけではないことも確かである。したがって、この第二の点でも、想像力は科学的政治学のなかで当然にも補助的な役割を果たすことになる。つまり、観察によってその全般的プランと諸特徴が確定された新体制の素案を必要な精度まで高めることがその役割となる。

しかし、このほかにも想像力が十分に活躍できる別種の仕事がある。先の仕事に付随したものとはいえ、これもまた社会再組織という大事業の完成に欠かせない仕事である。

新体制の決定にあたっては、この体制の長所も弊害も捨象しなければならない。むしろ唯一の重要な問いは、過去の観察を基に、今日どのような社会体制の構築が文明の進行から求められているのかにかかっている。この体制の〔絶対的〕正当性ばかりにあまり拘泥しすぎると、すべてを混乱させ、目的を見失うことにさえなる。したがって、次のような一般命題に議論を絞るべきだろう。すなわち、正当という実証的観念と、文明状態との合致という実証的観念にはもともと区別はなかったのだから、文明の状態に最も合致した体制を追求していけば、同時に今日実現可能な最良の体制を確実に手に入れることができるという点である。正当性という観念はそれ自体では実証的ではなく、文明状態との合致という考えと結びついて初めて実証的になるとすれば、直接に研究の対象とすべきはこの合致の観念のほうであって、これに専念しなければ政治学は実証的にはならないだろう。新体制の長所や、この点で過去の体制にまさる優越性を指摘したところで、それはどこまでも副次的にすぎず、研究方針にはなんの影響もない。

これは疑いないことだが、以上の手続きを踏めば、社会の強力な要請と真に調和した本当の実証政治学を確実に樹立できるだろう。しかし、こうした精神のもとに新体制を決定すべきだとしても、それが最終的に採用されるためには、社会に対してこのままの姿で新体制案を提出すべきでないことも確かである。いまの形のままでは、社会の賛同が得られる理想の姿からはほど遠いからである。

新しい社会体制を樹立するには、その構想が適切であるだけでは十分でなく、さらに社会の大衆がその実現に情熱を持つことが必要である。この条件は、没落階級がこの新体制に対して多少の差はあれ必ず起こす抵抗運動の打破に欠かせないだけではない。特にそれは、新たな岐路に進む時の人間が感じる独特の精神的高揚感を満たすのにも必要なのである。この感覚がなければ、人間はその生来の怠惰を克服することも、強力な旧習の束縛を断ち切ることもできないだろう。人間の全能力を新たな役割のために十全に開花させるには、高揚感の充足はやはり欠かすことはできない。このような必要性は、最も単純なケースではいつも見られるのに、最も徹底的で重大な変革や人間生活を根底から変えてしまう変革の場合には見られないとしたら、それは矛盾であろう。それにまた、歴史全体もこの真理の傍証となっているのである。

以上のことが事実だとすれば、新体制の理解とその提案に関するあの科学的政治学のやり方では、この不可欠の条件を満たすのにまったく向いていない。

どんな体制であれ、それが文明の歩みによって最初からその到来が準備されてきたものであり、したがって社会の指導役を文明から今日要請されていることを大衆に証明してみせても、いつまでたっても彼らはそのような体制に熱意を持つことはないであろう。このような真理はごく少数の才人にしか理解されないばかりか、彼らとてその真理の虜になるには、非常に長い一連の知的作業を要するのである。この真理が実証的論証の必然的産物としてかような徹底した確信を生み出せるのは、どこまでも学者たちの間だけである。この確信は、情熱をかき立てるアイデアから生まれる潑剌とした魅力的な信念よりは堅牢だが、そのためにかえって行動力にはさほど結びつかないのである。

行動に結びつく確信を手に入れる唯一の方法は、新体制の必然性やその適時性などは一度捨象して、その体制をあらゆる角度から検討した場合に、それが人間の条件にもたらす改善点を人々に積極的に提示するしかない。この観点に立って初めて、新体制の樹立に必要な精神革命を人心に起こすことが可能となり、次に、旧体制が解体したために蔓延しているエゴイズム――これは新体制の諸観念が科学的研究によって解明された暁にはその勝利にとって最大の障害となるだろう――を抑え込むことが可能となる。そして最後に、それだけが無気力状態から社会を救い出し、人間の全能力をいつも発揮できる社会状態なら恒常的となるほどの活力を社会全体に与えることが可能となるのである。

想像力が主要な役割を演じることになる作業の類は以上の通りである。こうした想像力の働きはいかなる弊害も伴うことはないだろう。なぜなら、想像力はあくまで科学的研究によって確証された方針に沿って働くからであり、それが掲げる目標についても、樹立すべき体制を発明するのではなく、実証政治学が決定する体制を受け入れさせるだけの話だからである。このように想像力が働くなら、すべてはそれ自体に任せるべきである。想像力の動きが完全に自由になればなるほど、それが及ぼす不可欠の作用もそれだけ全面的かつ効果的なものになるだろう。

社会再組織の全般的作業のなかで芸術が占める独特の場所がここにある。したがって、すべての実証的諸力がこの巨大な事業におしなべて協力することになる。学者の勢力は新体制のプランを定めるために、芸術家の勢力はこのプランをあまねく受け入れさせるために、産業家の勢力は必要な現実的制度を設置して体制を実際に動かすために、それぞれ参加するのである。この三大勢力は新体制を樹立するために互いに協力する一方、それが確立した後も、その日々の運用の面で同じように協力するであろう。

このように結局のところ、現状にふさわしい社会体制を確定するにあたって、実証政治学は、憶測的政治学が想像力に与えた主導権を観察に与えるのである。しかしそれと同時に、実証政治学は、神学的・形而上学的政治学が想像力に与えていた役割よりも、今日でははるかに優れた新しい役割をそれに与えるのである。神学的・形而上学的政治学でも、想像力は確かにすべてに優越していたとはいえ、人類が実証状態に接近してからというもの、陳腐な観念と単調な描写の堂々巡りのなかで力を失っていったからである。

以上、実証政治学の一般精神の概要を述べたので、今度は、政治学を観察科学の次元へと引き上げようと試みた、これまでの主な企てについて簡単に一瞥しておくのがよいだろう。それには二つの利点がある。一つは、こうした事業の機が熟していることを事実から確認できる点。もう一つは、これまで指摘してきた論点とは異なる複数の視点から新しい政治学の精神を示すことによって、その精神をさらに明確にできる点である。

政治学をドグマではなく事実の科学として最初に論じようとしたのは、もちろんモンテスキューである。『法の精神』を理解した人なら、これこそがその著作の真の目的であったということは言うまでもなかろう。初めて法に関する一般観念が真に哲学的に表明された見事な冒頭部分だけでも、その目的を確認するのに十分である。明らかにモンテスキューの主たる目的は、彼が知りえた政治的事実をすべて、ある程度の数の主要項目にできるだけまとめ上げ、これらの事実をつなぐ諸法則の解明にあった。

彼の仕事の真価をここで問題にしようとするなら、それが著された時代を考慮して判断すべきであろう。そうすれば、モンテスキューが——これはその功績から確認できることだが——彼の同時代の誰よりも格段に哲学的に優れていたことがわかるはずである。その決定的な証拠をいくつか挙げれば、まず最も反抗的な人々にまで批判的精神が圧倒的な影響力をふるっていた時代に、彼はその精神とは一線を画していたということ。次に、形而上学的・絶対的政治学の空虚を痛感し、ルソーによる絶対的政治学の決定版が姿を現しつつあった時代に、それを克服する必要を感じていたということである。

確かにモンテスキューが発揮したこの第一級の能力は今後ますます周知されていくことだろう。ただし、彼の仕事が政治学を実証科学の域まで引き上げるにはまだほど遠いことも確かである。この目的の実現のために必要ないくつかの基本的条件をこれまで述べてきたが、彼の仕事はそれらをまったく満たしていないからである。

モンテスキューは、あらゆる政治現象を支配する大きな一般的事実、つまり政治現象の真の調整役である文明の自然な発展に気づかなかった。その結果、彼の研究は、実証政治学の形成の面では、あくまでその材料として、観察と略図の寄せ集めとしてしか利用できないだろう。

なぜなら、彼が諸事実を関連づけるのに用いた一般的な諸観念は、まったく実証的ではないからである。

モンテスキューは明らかに形而上学を克服しようと努力したが、結局のところそれに失敗した。というのも、彼の基本的な考え方が形而上学に由来しているのは疑いないからである。彼の考えには二つの欠陥がある。まず歴史的ではなくドグマ的であるということ、つまりいろいろな政治状態の必然的連関を考慮していない点。次に、統治形態のような二次的な事実を過度に重視しているという点である。したがって、モンテスキューが期待してこうした考えに託した主要な役割は、まったく想像に基づいており、周知の観察の事実と全面的に相容れないものである。要するに、実証科学であればもろもろの政治的事実を関連づけるべきところを、モンテスキューは真に関連づけてはいなかったのである。単に彼は、現実の事実関係と大抵は矛盾するような仮説に立って、どこまでもこうした事実を比べたにすぎなかったのである。

モンテスキューの理論研究において、真に実証的だと思われている最も重要な論点は、風土と総称される各地の自然環境が継続して及ぼす政治的影響を確定しようとしているところだけである。しかもこの点でさえ、モンテスキューの考えは、その実施方法の際立った全体的な誤りのゆえに、全面的に改訂したあとでなければ使い物にならないことはすぐにわかる。

事実――これは避けがたいことであったが――、モンテスキューがいくつかの点で風土の影響をひどく過大評価したことは、今日ではすべての観察者が認めるところである。

確かに、風土は政治現象に極めて現実的な作用を及ぼすし、その影響を理解するのは非常に重要である。だが風土の影響はあくまで間接的・二次的にすぎない。それは、せいぜい文明の自然の歩みをある程度まで速めたり、遅らせたりするだけであって、こうした修正が文明の歩みに本質的な変更を加えることなど一切ありえない。事実この歩みは、その速度の点を除けば、どんな風土でもまったく同じである。それはどのような地域でも本質的に一様なもっと一般的な諸法則、つまり人間組織の法則に由来しているからである。それゆえ、政治現象に対する風土の影響は、最高法則の性格を持つ文明の自然の歩みにとって単なる変速ギアのようなものである以上、この影響の研究と評価が正しく実を結ぶには、明らかにこの最高法則を確定したあとでしかありえないであろう。直接的な主要原因よりも先に間接的な従属原因を検討して、人間精神の本性に反する背信的な行為を犯すようなことにでもなれば、従属原因を主要原因と取り違え、従属原因の影響というまったく誤った観念を与えるのは必至である。まさにモンテスキューの事例がこれであった。

風土の影響に関する上記の考察は、同じように文明の歩む速度だけは変えられる――文明の本質は当然無理だが――ような要因であれば、もちろん、その他どんなものにも当てはめることができる。このような〔二次的〕影響は、そうした変更をまずはすべて捨象して、文明の自然法則を樹立したのちに初めて正確に決定することができる。たとえば、天文学者は天体の摂動〔主力運動を副力が乱す力学現象〕をまずは無視して、天体の運行法則の研究を開始した。こうした法則が発見されたのちにようやく修正が施され、当初は主運動にしか論証されていなかった原理にまでも、その修正を組み込むことが可能となったのである。初めからこうした修正を組み込もうなどと考えていたら、どんな正確な理論も明らかにいつまでも実現不可能であったろう。今の事例も事情はまったく同じである。

モンテスキューの政治学の欠陥は、彼の理論を社会の欲求に当てはめてみた場合にはっきり確認できる。

先進諸国における社会再組織の必要性は、現代と同様にモンテスキューの時代にも顕在化していた。というのも封建的・神学的体制はすでに根底から破壊されていたからである。その後に勃発したもろもろの出来事は、旧体制の破壊を徹底的に推し進め、再組織の必要性を一段とはっきり喫緊の問題として周知させたにすぎない。しかし、モンテスキューは自分の研究の実践的目的に新しい社会体制の構想を盛り込まなかった。社会の到達した状態に見合った新体制が必要であることをはっきり示し、しかもこの体制の一般的性格を決定してくれるそういった理論に基づいて、彼は政治的諸事実を関連づけようとはしなかったのである。その結果、修正の点で多少の差はあれ、神学的・封建的体制の単なる焼き直しにすぎない経験上の些細な改善点を、彼は実践面で指示するにとどまらざるをえなかったし、実際にとどまったのである。

なるほど、それはモンテスキューの賢明な慎重さの表れであった。理想郷《ユートピア》を発明するほうがむしろ至極簡単だったろうに、彼はこれまで事実を研究してきた方法上の欠陥のせいで、逆に、自分の実践的な考えを事実の重みが許す範囲内にとどめたのである。しかし同時に、モンテスキューの事例は、最重要の実践的欲求に応えることのできない理論の欠陥をはっきりと証明している。

要するに、モンテスキューは観察科学のように政治学を論じる必要を感じていた。しかし、そうした性格を政治学に与えるべき一般的研究の構想を思いつかなかったのである。もちろん、そうは言っても彼の研究は最大限の意義を持っている。彼の研究のおかげで人間精神は、なおも実証状態からほど遠い理論であるとはいえ、これまでに作られたどんなものよりもはるかにその状態に近い理論をもとに大量の事実が比較・提示されたことで、政治的諸観念を立案する手段が容易になったからである。

政治学を観察科学の域に引き上げるのに適った研究を全般的に構想したのはコンドルセの発見であった。文明は漸次的進行に従っており、そのすべての歩みは過去の歴史の哲学的観察から明かされる自然法則に沿って厳密にすべてが互いに継起しているということ、そして部分・全体を問わず社会状態に求められている改善点を、完璧に実証的な方法で各時代ごとに決定するのもこの自然法則の役目であることを、最初にはっきりと見て取ったのはこのコンドルセであった。彼は、以上の考察から真の実証理論を政治学に与える手段について考えただけでなく、『人間精神進歩史素描』と題する著作のなかでこの理論を論証しようとした。この著作のタイトルと序論だけでも、その著者がこの偉大な哲学的観念を生み出した不朽の功績を受けるに値すると言えるだろう[13]。

　だがもしこの重要な発見が今日までまったく実を結ばず、いまだいかなる反響も生むことなく、しかもコンドルセが示した路を誰も歩んでいないとすれば、要するに政治学がまったく実証的になっていないとすれば、その理由の大半は、彼が提示した素描がこの仕事の目的とはまったく相容れない精神で描かれたことに求められなければならない。彼はこの仕事の最も本質的な諸条件を完全に誤解していたために、この著作は全面的に改訂される必要がある。以下ではこの点について論証しておくべきだろう。

　第一に、この種の研究では、時代区分はプラン全体のなかで最も重要な位置を占める。もっと言うと、そのプランを最も広い一般的観点からみれば、この区分はそれだけでプランそのものをなしているとさえ言える。なぜなら、観察された諸事実を整理する方法を規定しているのがこの時代区分だからである。ところが、コンドルセが採用した時代区分は、同質系列の提示という最も自明の条件さえ満たしていない点でまったく誤っている。みてわかるように、彼は文明の各期を哲学的に配列するのが重要であることをまるで感じなかった。こうした時代区分自体が第一級の一般的研究の対象であり、実証政治学の形成に必要な作業のなかで最も困難の伴うものであることを、コンドルセはまったく理解しなかった。彼は、ある時は産業上の、ある時は学問上の、ある時は政治上の顕著な出来事を、ほとんど場当たり的に各時代の出発点に置いて諸事実を適切に整合化できると信じ込んだ。こうした処理のせいで、彼は文芸歴史家の域を出なかったのである。真の実証理論の樹立、すなわちもろもろの事実の間に現実の連鎖を打ち立てることは彼には不可能であった。というのも、こうした事実が残りの事実をすべて結びつける役割を果たすべきなのに、その事実自体がすでに相互に切り離されていたからである。

博物学者は学者のなかで最も広範かつ困難な分類を行わなければならない。だから、彼らの手によって分類の一般的方法が最大の進歩を遂げてきたのも当然のことであった。この方法の基本原理は、哲学的分類、つまり強引な関連づけではなく現実の諸関係に基づいた分類が植物学や動物学の領域で生まれて以来、確立している。その原理とは、さまざまな分類レベルの一般性の順序が、分類すべき諸現象間で観察されたもろもろの関係の一般性の順序にできる限り正確に一致することにある。この方法によれば、科、属などの序列は、現象の特殊性の大小に応じた一連の多様なレベルからなる一般的諸事実の配列を表現したものにほかならない。一言で言えば、分類とはまさに科学の哲学的表現そのものであり、科学の進歩に従っているのであ る。分類を理解することは科学を理解することであり、少なくともその最も重要な部分ではそうである。

この原理はどんな学問にも当てはまる。だから、この原理が発見され、利用され、十分に論証された時代に政治科学が立ち上げられたとなれば、その他科学によって発見されたこの哲学的観念を、文明の各時代を区分する指針として利用しない手はもちろんない。文明の各期をその自然な関係に沿って人類の一般史のなかに配列すべき理由は、動植物の生体組織を同一の法則に沿って配列しようとする理由とまったく同じである。ただ、前者の理由のほうがさらにいっそう強力なだけである。

なぜなら、事実の正しい配列はどの科学でも極めて重要であるとしても、政治科学においてはこの配列がすべてであって、この条件を欠けば、政治学の実践的目的を完全に見失うことになるからである。すでに見たように、その目的とは、文明の歩みから今日生まれつつある社会体制を過去の歴史の観察から決定することにある。ところで、その体制を決定するには、過去の諸状態を正しく配列し、文明の進行法則を明らかにして初めて可能となる。以上から明らかなように、政治学以外の学問では、事実認識は大抵の場合、その連鎖の仕方とは無関係にそれ自体で第一義的な有用性を持っているのに対し、もろもろの政治的事実はそれがいかに重要であるとしても、互いに整合化されなければ現実の実用的価値を持たないのである。

したがって、文明の各期は、コンドルセが行ったように出来事の重要度に応じて雑然と並べるのではなく、すべての学者がどんな分類にも適用すべきだとすでにお墨付きを与えている哲学的原理に則って配列されるべきである。主たる時代区分は、文明史の最も一般的な見取り図を示さなければならない。下位の時代区分は、どこまでそれを押し進めてもよいが、一つひとつ降るごとにこの文明史の見取り図をますます正確にするものでなければならない。要するに、各時代の年表は、それだけでその時代の作業全体を端的な表現で言い表せるように作らなければ駄目なのである。さもなければ、その仕事をいくら完璧に実施しても、それはまったくの予備的な作業にとどまり、どこまでも材料としての価値しか有しないであろう。

念を押して言えば、このような区分を勝手に発明できるわけもなく、しかも最も一般性の高い区分ですら、文明の一般史についての最初の見取図の素描、その最初の概観を待たなければ導き出すことなど不可能である。このような作業手順は実証政治学の確立にとって重要不可欠であるが、ただいかに重要だとしても、もしあらかじめ十分に準備されていなければ、その作業は実施に移せないわけで、まずはどこまでも予備的な作業に甘んじるほかはないであろう。ただし、今日までに著された歴史書、特にここ半世紀の間に書かれたそれは、健全な精神で構想されたかと言えば確かにほど遠いが、それでも予備的な史料収集にほぼ等しい役割を果たしている。それゆえ、諸事実の最終的な整合化作業にすぐにでも着手できるのである。

総論において、私は過去の歴史の主要区分について右に示した諸条件を満たしているように思われる一般概論を、精神的な観点からだけとはいえ提出しておいた。それは文明史全体に関する最初の哲学的研究の成果である。

私見によれば、人類史は、世俗と精神の両面で性格がそれぞれ異なった三つの大きな時代、つまり三つの文明状態に分けることができる。この三つの時代は、文明の諸要素から見ても、その全体からみても文明というものをまるごと構成している。これは先に示した観点からして必要な一つの条件であることは言うまでもない。

第一の状態は、神学的・軍事的時代である。

この社会状態では、一般観念・特殊観念を問わず、どんな理論的観念もすべて完全な超自然的次元に属している。そこでは想像力が観察を圧倒的に凌駕しており、観察による検討の権利は一切認められていない。

同様に社会関係も、その特殊・一般を問わず、すべてがはっきりと隅々まで軍事的である。この社会の唯一・不変の活動目的は征服である。産業と言えば人類の生存に不可欠なものぐらいしか興っていない。主要な制度は生産者の無条件の奴隷制である。

文明の自然の歩みから誕生した最初の一大社会体制がこれである。この体制は、部分的には、規則的で安定した社会が最初に作られた時からすでに存在していた。ようやく隅々まで体制が全面的に確立されたのは、何世代も経ってからのことであった。

第二の状態は形而上学的・法曹的時代である。その一般的特徴は、あまりはっきりとした性格をなんら有していない点にある。この時代は中間的かつ折衷的であり、過渡期に当たる。

この第二期の精神的な特徴はすでに総論で述べておいた。この時代もやはり想像力が観察を圧倒しているが、ある程度の範囲で観察は想像力の修正を許されている。その後この範囲は徐々に広げられ、ついに観察はあらゆる論点に関して検討の権利を手に入れるに至る。まず観察がそれを獲得したのは、あらゆる個別の理論的観念の領域であった。次いで、観察は、少しずつこの検討の権利を行使しながら、最終的には、この過渡期の自然な到達点として、一般的理論観念の領域についてもその権利を掌握するに至る。つまりこの時代は批判と議論の時代なのである。

世俗的な特徴としては、産業が一段と飛躍を遂げるが、まだ支配的とまではいかない。その結果、社会は部分的にも全体的にも完全に軍事的ではないが、そうかと言って完全に産業的というわけでもない。ただ、個別の社会関係は修正され、個人的奴隷制はもはや露骨なものでなくなる。生産者はなおも隷属状態にあるとはいえ、軍人側からいくつかの権利を獲得し始めるからである。産業は新たな進歩を遂げ、この進歩はついには個人的奴隷制の全面的廃止に至る。この解放後も、生産者たちはまだ集合的専制のもとに置かれたままであるが、しかし、一般的社会関係にも同じような変化がほどなく訪れ始める。征服と生産という二つの活動目的が同時並行的に奨励される。産業はまず軍事的手段として育成され、庇護を受けた。だがその後、産業の重要性が高まると、今度は、むしろ戦争のほうが産業を奨励する手段だと考えられるまでになる。こうした状態になると、過渡的体制は末期を迎える。

最後に、第三の状態は科学的・産業的時代である。個別の理論的観念はすべて実証的となり、一般観念も徐々にその傾向を帯び始める。だが、個別観念の領域では観察が想像力を圧倒し、それを王座から引きずり降ろしたとはいえ、一般観念の領域ではいまなおその座を奪っていない。

世俗面では、産業が支配的となる。あらゆる個別的関係は少しずつ産業を土台に樹立される。社会も、それを集団としてみれば、その唯一・不変の活動目的を産業に置いている点で、同じく産業を土台に組織されつつあると言える。

要するに、この最終状態は部分的にはすでに始まっており、全体についても、もうスタートの準備は整っているのである。その明確なスタート地点は、アラビア人によるヨーロッパへの実証科学の導入と自由都市の解放、つまりおよそ十一世紀にまでさかのぼる。

この一般的見取り図を適用するに際して、一切の曖昧さを避けるために常に念頭に置くべきは、文明の進歩は、社会状態の全体よりも、まずはその精神的・世俗的諸要素のほうが間違いなく早かったという点である。その結果、連続する三つの大時期も、必然的に全体よりも各要素のほうがむしろ早く開始されたのであって、この避けがたい時間的なズレをまずは理解しておかないと、若干の混乱をきたす恐れがある。

社会状態が真の安定性を持ち始めてから現在までの文明史全体を分けた三つの時期の主な性格はそれぞれ以上の通りである。私見によれば、この基本的時代区分は政治的事実の全体を正しく分類するための大条件を満たしており、私はここに謹んで学者の方々にこの区分を提案するものである。

この基本的区分が採用されても、この大きな歴史的見取り図の最初の素描を適切に行うためには、少なくともあと一つは下位区分を見つけなければならない。だがこの基本的区分のおかげで、諸現象を一般的かつ実証的に考察する手段が与えられれば、それに続く下位区分の発見も容易になるであろう。したがって、これは明白なことだが、分類の根本原則に則ったもろもろの下位区分も、基本的区分と同様の精神ですべて構想されてしかるべきであり、あくまでもこの基本的区分の単なる発展的形態であるべきなのである。

以上、時代区分に関するコンドルセの仕事を検討した。次に行うべきは、その仕事そのものを導いてきた精神面に関する検討である。

コンドルセは、実証政治学を確立するのに最も求められる研究の直接的役割が、まず何よりも十八世紀の批判哲学を完全に一掃して、こうした研究の実践的目的たる社会の再組織化へと思想家たちの力をすべて結集させることにある点をまったく理解しなかった。その結果、このような大事業を志す者がまず第一に満たすべき前提条件として、十八世紀哲学がすべての人心に吹き込んだ批判的偏見をできるだけ除去しなければならないということに、彼はまったく気づかなかったのである。それどころか、彼はこの偏見に盲従し、過去を観察もせずに断罪した。その結果、彼の著作は、いかなる実証的な教訓ももたらさない退屈な大言壮語の羅列にとどまったのである。

現象を称賛したり、非難したりすることは、どんな実証科学でも同じように厳しく戒められなければならない。この手の賛否の言い分はどちらであっても、結果的に検討の妨害や変質をどうしても招かざるをえないからである。天文学者も、物理学者も、化学者も、生理学者も、それぞれ専門とする現象を賛美したり、非難したりはしない。これらの現象は、確かにどちらの言い分にも申し分のない判断材料を提供してくれるし、その事例にも事欠かないが、彼らはただそれを観察するだけである。実はこうした賛否の判断は芸術家の領分であって、学者たちがそれを彼らに委ねているのは正しいのである。

この点について、政治学もその他の科学と同じでなければならない。ただし政治学の場合、〔賛否の追放という〕この慎重な態度がまさに一段と要求される。なぜなら、政治現象はその他の科学の現象以上に人間の情念にかかわるため、この態度は政治学においてはもっと難しく、はるかに検討を変質させる恐れがあるからである。したがって、この点だけをみても、コンドルセが過去の歴史に放った非難にどれほど根拠があるとしても、彼を惹きつけたあの批判的精神は、科学的政治学を指導すべき精神とは対極にあるのである。しかもそればかりではない。

本章ですでに指摘したように、政治家たちの実践計画は常に適切に構想されてきたわけでなく、それどころかしばしば文明の進行に逆らって立案されてきたことは疑いない。もっと正確に言えば、もはや文明の状態に相応しくない学説や制度を政治家たちがその自然な寿命を超えて延命させようとした点にすべては尽きる。なるほど、このような誤りを誤りだとみなす実証的手段がそれまでなかったことを考えれば、確かにこの誤謬はかなり情状酌量の余地があるように見えるかもしれない。しかし、単なる二義的な事実にしか関係しないものを制度と思想の全体系に当てはめること、たとえば、封建的・神学的体制の樹立は当時としては最大の社会的進歩であり、この恵まれた影響のもとで社会はあれだけの成果を上げてきたのに、この体制をひたすら文明に対する障害物のように描いたり、あるいは数世紀もの長い間全般的な運動を先頭で引っ張ってきた階級を人類に対する永遠の陰謀集団であるかのように描いたりするこのような精神は、その原理と結果の点でそれぞれ不条理かつ噴飯物であり、十八世紀哲学の非常識な産物である。コンドルセほどの人物がこうした哲学の影響から逃れられなかったのは誠に残念でならない。

こうした不条理は、文明の進歩の自然なつながりをその主要部門のすべてで見抜けなかったがために生じたのであるから、その進歩を説明することはもちろんできない。それゆえ、コンドルセの仕事は全般的に矛盾の連続を呈しているのである。

まず一方で、十八世紀の文明の状態はその起源の状態よりも多くの点で格段に優れていると、コンドルセは声高に宣言する。しかし、この進歩全体は、先行するすべての中間状態で文明が行ってきた個別の進歩の総和にほかならないはずである。ところが他方で、これらの状態を一つひとつ検討する時、彼はほぼ例外なく、それらの状態を最も本質的な点で退歩的な時代であるかのように描くのである。だからここには絶えず奇跡が起こっていることになり、文明の進歩が原因なき結果になっているのである。

実証政治学の支配的精神は、これとは対極の精神でなければならない。

いつの時代の制度も学説も、文明の現状として可能な限り完璧であったとみなさなければならない。少なくとも、制度や学説は文明によって必然的に決定されているのであるから、ある程度時間が経てば、完璧になるとみなすほかにないであろう。その上、制度や学説はそれが最盛期にある時は常に進歩的性格を有し、どんな場合でも退歩的性格を持たなかった。なぜなら、制度や学説は、それらの力のすべての源である文明の進行に逆らっては維持できないからである。ただ、それらが没落期に入った時には、通常は停滞的な性格を帯び始める。このことは、一つには人間の死に対するのと同じく政治体制の崩壊に対する当然の嫌悪によって、もう一つには政治学が現在まで幼年期にとどまっていたことによって、おのずと説明がつく。

各時代の指導的階級が発達させた情念についても同じように考察しなければならない。社会の支配的勢力は、その全盛期にあっては必然的に寛大である。それらはもはや何も獲得する必要がなく、また何も失う恐れがまだないからである。この支配的勢力は、その没落が露呈し始めた時に初めて利己的になるのだが、それは彼らが根底から破壊された権力を取り繕おうとして全力を傾けるからである。

以上の各所見は人間本性の諸法則にもちろん合致しており、こうした見解によってのみ政治現象を申し分なく説明することができる。端的に言えば、過去を一連の残虐非道の歴史とみなす代わりに、一般論として、社会は事物の成り行きが許す限りで、どの点からみても、正しい方針に大抵の場合は従ってきたと考えるべきなのである。

いくつかの個々の事実がこの一般的事実と最初は矛盾しているように見えることがあるとしても、両者の関係の解明に力を入れることのほうが、一目見ただけでこの矛盾した現実を言い立ててその努力を怠るよりは、やはり一段と哲学的である。なぜなら、いつも頻繁に確認される最重要な事実を、あまり頻繁でもない二義的な事実に従わせることなど、自明の学問的主従関係を完全に踏み外すことになるだろうからである。

その上、これも当然のことだが、このような一般観念を用いる場合には、その他の観念と同様、いかなる拡大解釈も極力慎まねばならない。

なるほど、こうした観点から見ると、実証政治学の精神は、世界最善説《オプティミズム》という有名な神学的・形而上学的ドグマと、何か類似したところが見つかるもしれない。実際、類似があるのは本当である。しかし、観察された一般的事実と当てにならない純然たる創作観念との間には雲泥の差がある。この隔たりはその結果の点でさらに顕著である。

神学的・形而上学的ドグマは、すべては可能な限り善であると絶対的に宣言して、あらゆる現実的向上心を人類から奪い去り、人類を停滞させようとする。それに対して、安定期にある社会組織は向上心を殺ぐどころか各時代の文明状態が許す限りで常に完璧であるとみなすのが実証的思考である。だからそれは、向上の本来の目的、つまり文明の改善へと努力を集中させて、一段と効果的な実際的衝力を絶えずこの向上心に与え続ける。もしこの努力をいきなり社会の組織化のためにそのまま費やしても、何の効果も得られないであろう。しかも、この実証的思考には神秘的なものや絶対的なものは一切ないから、政治体制と文明状態の調和した関係が一時的に混乱することが予想される場合でも、これを回復させるように人間を促すのである。もっぱらこの思想は、両者の関係の原因と結果を取り違えないように注意を喚起しつつ、この作業に指針を与えるのみである。

この類似性で注目しておいてよいのは、実証哲学はこれ以外でも、もともと神学的・形而上学的哲学が発明した一般観念を適切に作り変えて自分のものにしている点である。真の一般観念は、それを取り巻く連中がいかに堕落していても、推論手段としての価値を決して失いはしない。人間精神の通常の歩みは、こうした一般観念の性格を作り変えながら、人間精神のさまざまな状態にそれを適合させることにある。これこそ、人間の知識の各部門を実証状態へと移行させてきたすべての変革において確認できるものなのである。

だからたとえば、数の影響を信じたピタゴラス学派の神秘的教義は、幾何学者によって、比較的単純な現象は数学的法則に還元できるという簡単な実証的観念へとまとめられた。同様に、最終原因説も生理学者によって生存条件の原理に転換されてしまった。この二つの実証的観念は、確かに二つの神学的・形而上学的観念とはまったく違う。だが、神学的・形而上学的観念が実証的観念の萌芽であることにかわりはない(14)。人間理性の幼年期の優れた産物であるこの二つの仮説に実証的性格を与えるには、哲学的な操作を正しく行うだけで十分だったのである。しかも、このような転換はこの二説が持つ推論手段としての価値を歪めるどころか、それを高めさえしたのである。

同様の考察は、二つの一般的政治観念、つまり上記で比較された実証的政治観念と空想的政治観念についてもそのまま当てはまる。

コンドルセの仕事の検討を終える前に、実証政治学の精神を示す第三の観点をそこから引き出しておくのがよいであろう。

コンドルセは、その著作を大胆にも未来への展望で締めくくったせいで、多くの非難を浴びてきた。ところが、この大胆な構想こそむしろ彼が自分の著作に取り入れた唯一最も重要な哲学的見解なのである。この構想は新しい文明史でもしっかり受け継がれるべきであり、文明史の自然な帰結が未来の展望となるのは当然なのである(15)。

コンドルセが非難されても仕方がないのは、未来を予想しようとした点ではなく、予想し損ねた点にある。なぜなら、先にその理由を指摘したように、彼の歴史研究はまったく誤っていたからである。コンドルセは過去の組み立て方を誤ったために、未来を導けなかった。彼は観察が不十分だったせいで、もっぱら想像の赴くままに未来を描くほかなく、そして当然にも未来を読み違えたのである。しかし、この失敗は、過去の歴史を正しく整理しても未来社会の全般的概要の正確な予測は不可能であることを意味しない。その失敗の原因ははっきりしているからである。

こうした考えが異様に聞こえるとすれば、それは単に、政治学を本物の科学だとみなすことにまだ慣れていないだけの話である。仮に政治学を真の科学だと考えてみよ。そうすれば過去の歴史の哲学的観察による未来予測は、むしろ、政治以外のその他の現象だったら誰しも当たり前だと思うような至極当然の考えに映るはずである。

どんな科学も、その目的は予見にある。現象の観察から確立される法則の一般的な用法は、現象の継起を予見することだからである。実際、いかに遅れた時代の人間でも、過去を知ることで未来を知るという不変原則に常に基づいてまともな予見を誰しも行っている。たとえば、地球の重力の全般的結果とか、その他、最も無能で注意力散漫な観察者でも、その継起の順序が理解できるほど単純かつ頻繁に繰り返される多くの現象は、誰にでも予見可能である。各人の持つ予見能力の力量は、その学識にある。何万年後の太陽系の状態をあらかじめ正確に予測する天文学者の予見は、明日の日の出を予告する野生人のそれと性質の点では同じである。両者の違いはその知識の量だけである。

それゆえ、天文学、物理学、化学、生理学の領域と同様に、政治学でも過去を観察して未来を予測することは明らかに人間精神の本性に極めて合致しているのである。

こうした予測は、その他の実証科学に倣って、政治科学の直接の目的であるとさえみなすべきである。実際、これは明らかなことだが、文明の歩みが人類のエリートたちに今日どんな社会体制を要請しているのかを決定することこそ、実証政治学の真の実践的目的であり、次に到来する未来社会を過去からの産物として全般的に予測することにほかならないのである。

まとめるなら、コンドルセは、観察科学の域に政治学を引き上げるための全般的研究の真の性格とは何かを考えた最初の人物であったが、最も重要ないくつかの点でまったく誤った精神でそれを行ったのである。まずは理論面で、次に実践面で完全に目的を欠いていた。したがって、コンドルセの計画はどこまでも科学的政治学の実現目標を単に明示しただけであって、真の哲学的観点に則して彼の仕事を改めて全面的に考え直さなければならない。

観察科学の域に政治学を引き上げるためにこれまで行われてきた努力をざっと検討してきたが、その仕上げとしてもう二つ別の計画を見ておかなければならない。この二つの試みは、前二者〔モンテスキューとコンドルセ〕のように、人間精神の政治的進歩の本筋に沿ったものではないが、それでも指摘しておいて損はない。

社会科学を実証的にすることは今日の切実な課題である。この大仕事の機は完全に熟していると言えるが、この課題に応えるために複数の優れた人々は、すでに実証的になったその他の科学を政治学に応用して、その学問分野に政治学を回収できるはずだと考えるところまでいった。このような試みはその性質上、もちろん実行できるものではなかったので、企図の多さに比べてはるかに遂行されるものは少なかった。それゆえ、これらには最も概括的な観点から検討を加えるだけで十分であろう。

二つのうちの第一の試み〔モンテスキュー、コンドルセを含めれば第三の試み〕は、数学の分析全般、とりわけ確率計算にかかわる部門を社会科学に応用しようとした事例である[16]。この路線はコンドルセ*によって先鞭がつけられ、主として彼自身によって遂行された。他の幾何学者たちもコンドルセの後を追って同じ希望を抱いたが、少なくとも哲学的な面では、コンドルセの仕事に何か本質的なものを付け加えた者は誰もいなかった。彼の方法こそ政治学に実証的性格を与えることのできる唯一のものであると、誰もが一致して考えていたのである。

＊　コンドルセが行ったこのような試みは、先の検討で見たように、彼が文明史の決定的重要性をまるで理解していなかったことを物語っている。なぜなら、もし彼が過去の哲学的観察こそが社会科学を実証的にする手段である点をはっきり了解していたなら、あらぬ方向にそれを探しにいくはずなどなかっただろうからである。

だがこのような条件は、政治学が実証科学となるにはまったく必要ない。このことは本章で行ってきた考察を見てもらえば十分に証明されているものと私には思われる。しかもそれだけでなく、このような社会科学の捉え方はまったく空想的であり、すぐにわかるように完全に誤っているのである。

もしここで、これまで実行されてきたこの種の仕事に詳細な評価を下すとすれば、それらが実際には、既得の観念全体に対していかなる重要な観念も付け加えなかったことがすぐに了解されよう。たとえば、幾何学者は苦心して確率計算をその本来の適用範囲を超えて使おうとしたが、最も重要で実証的な分野でのそうした努力も、確率論において常識ある人なら一目見てその正しさがすぐわかるようななかなりありふれた命題を、長く困難な代数学の研究の成果であるかのようにいくつか提示するにとどまった。しかし、ここではこうした企てそのものを、最も一般的に検討するにとどめなければならない。

第一に、複数の生理学者たち、特にビシャの考察[17]は、有機体の現象に対して数学的分析をいかに現実的に幅広く応用しようが根本的には不可能であることを一般的に証明したが、このことは、有機体の諸現象の特殊な一例にすぎぬ道徳的・政治的現象にもとりわけそのまま当てはまる。

彼らの考察の基礎にあるのは次の原則である。つまり、諸現象を数学的法則に還元するためには、必要前提条件として現象の量が一定のレベルに定まっていなければならないという点である[18]。ところが、どんな生理学的現象においても、その作用は部分・全体を問わず、すべて膨大な量的変動にさらされている。この変動は、どんな正確な評価も許さない多種多様な原因の影響を受けて、この上ない速さで不規則的に次から次へとやってくる。有機体に特有な現象の主な特徴の一つがこの極端な変異性であって、それは無機物の現象と比べて最も明確に異なっているものの一つである。そして当然のことながら、この変異性は、たとえば天体現象――これはこの種の比較の典型例として何よりもふさわしい――で本来使われるのと同じような計算を、有機的現象に当てはめようとするあらゆる期待を打ち砕くのである。

これが正しいとすれば、すぐにわかるように、このような作用の絶え間ない変動は、現象の結果を一致して生み出す諸原因が極めて複雑であることに由来しており、生理学的現象のうち最も複雑な部類をなす人類の精神的・政治的現象となれば、それは最大級のものになるはずだということである。実際、精神的・政治的現象は、あらゆる現象のなかで量の変動が最も広範かつ多様、そして不規則な現象である。

以上の考察を正しく勘案すれば、ためらわず次のように断言できると思う。すなわち、人間知性の現状からみても、またその知性ができる限り最高度の改善を遂げても、計算を社会科学に適用する大規模な試みはすべて、現在も将来も不可能とならざるをえないということである。こうした断言に対して、あまりに人間精神の能力を見くびり過ぎではないかという心配はまったく無用である。

第二に、このような希望がいつか実現されると仮定したとしても、そうなるにはやはり政治科学の研究がまずは直接的に、つまり一連の政治現象の整合化に特化しなければならないということに変わりはない。

実際、数学的分析がその本来の用法においていかに重要だとしても、それはどこまでも道具的な科学であり、方法的科学にすぎないことを忘れてはならない。数学的分析はそれ自体では何も現実的なことを教えはしない。それは観察された諸事実に適用された時に初めて、実証的発見の宝庫となるのである。

ただ数学的分析の適用可能な現象領域であっても、それをすぐに行うことはできない。それを行うには、その現象に対応する科学があらかじめある程度の知識と技能をすでに身につけている必要がある。それがあって初めて、現象の量に応じた観察から明らかにされる正確な法則の認識に最終的に到達できるのである。こうした法則が発見されれば、それがいかに不完全であっても、数学的分析はすぐにでも適用可能である。そうなれば、この分析が有する強力な演繹手段によって、これらの法則をごく少数の、しばしば単一の法則へと還元でき、しかもこれらの法則では当初カバーできないと思われていた大量の現象を極めて正確にその少数の法則へとまとめ上げることも可能となる。要するに、数学的分析は、これ以外の方法では決して同じレベルで得られないほど完璧な整合性を科学のなかに打ち立てるのである。しかし、いくつかの演算可能な法則の発見という前提条件がクリアされない限り、数学的分析をいくら適用しても、すべて無駄になることは言うまでもない。これでは、われわれの知識のいかなる部門も実証的になるどころか、特権的な観察の役割を抽象的思弁へと譲り渡して、最終的に自然界の研究を再び形而上学の世界に連れ戻すことにしかならないであろう。

だからたとえば、天体幾何学や天体力学、光学、音響学、つい最近では熱理論〔J・フーリエ『熱解析理論』（一八二二）〕にまで数学的分析が適用されて大成功を収めたが、この成功は、観察の進歩のおかげで物理学のいろいろな部門が量に関するいくつかの正確な法則を現象間に樹立できて初めて可能であったことが了解されるのである。その一方で、これらの発見がなされるまでは、こうした数学的分析を適用したところで、どんな現実的な基礎も、実証的な起点も持ちえなかったであろう。また同様に、今日の化学者たちは、いつの日か数学的分析を化学現象に幅広く実証的なレベルで適用できないかその可能性を熱心に追求しているが、だからといって化学現象の直接的研究をやめはしない。というのも、彼らは膨大な一連の研究、観察、実験を通じてのみ、このような数学的適用を現実に根拠づけてくれる数量的法則の発見が可能になると確信しているからである。

いま指摘したこの不可欠の条件は、現象が複雑になればなるほど、それを満たすことが困難となり、その現象を扱う科学があらかじめ身につけるべき知識と改善のレベルはそれだけ上昇する。したがって、天文学、少なくともその幾何学的分野は光学よりも先に、光学は音響学よりも先に、そして最後に熱理論が応用数学の一部門となったのである。さらに同じ理由から、化学はこの状態にいつか到達するはずだとしても、現在はまだそこからほど遠いのである。

これらの明白な原則をもとに、生理現象一般、特に人類の社会現象に対する確率計算の適用を吟味してみてまずわかるのは、この適用の可能性を認めたからといって、現象の直接的研究が不要になるわけではまったくなく、そうした研究がむしろ前提条件として要求されるということである。しかも、この条件の性質を注意深く検討してみれば、それが有機体一般の物理学《ラ・フィジック》、とりわけ社会物理学《ラ・フィジック・ソシアル》に対して一定の改善を要求しているのがわかるだろう。もちろん、このような改善は、仮に根拠があるとしても、数世紀にも及ぶ知識の積み重ねがあって初めて実現可能となるのは言うまでもない。もし厳密で計算可能な法則が生理学で発見されようものなら、この科学の将来に無限の期待を寄せる生理学者たち自身が想像する以上に、それははるかに高いレベルの進歩を意味するものとなるはずである。だが実際には、先に指摘した理由からして、このような改善状態は、現象の性質とは相容れないまったくの夢物語であり、人間精神の本来の限界を完全に逸脱しているとみなすべきなのである。

　まして、さらに複雑な現象を呈している点で同様の理屈は政治科学にももちろん当てはまる。政治科学の現象間になんらかの量的法則がいつかは発見できるだろうなどと考えたいなら、政治科学があるレベルまで――たとえば、そこに至る前でさえ、人々が当然にも抱くあらゆる欲求を大幅に上まわるほどの規模で、この科学にとって真に発見する意義のあるものすべてがすでに獲得されているレベルまで――改善されていることが前提となる。だから、数学的分析が適用可能となる時代が来るとしても、単にそれはその適用がもはやいかなる現実的意義も持たなくなるような時代にすぎないであろう。

　以上の考察の結論として、まず一つには、政治現象の性質はいつかその現象に数学的分析を適用できるなどというどんな希望も一切許さないということ。次に結論できるのは、仮に数学の適用が可能だと想定しても、それを実行するには政治学がすでに完成されていることが前提であるから、実証科学の域に政治学を引き上げるのに数学的分析の適用などなんの役にも立たないということである。

　今日まで幾何学者たちは、われわれの実証的知識が基本的に無機体の分析と有機体の分析に大きく分けられることに十分な注意を払ってこなかった。人間精神が生理学者たちのおかげで手に入れたこの区別は、今日確固たる土台の上に打ち立てられており、その検討が進めば進むほどますます確証されている。この区別によって、数学が本当に適用できる最大応用範囲がはっきりと決定的に制限される。ここからわれわれが原則として認めるのは、数学的分析は無機体の物理学の範囲を超えてまでは適用できないということである。なぜなら、数量法則へと還元するために必要なレベルの単純性、したがってまた恒常性を持っているのはこの無機体の物理現象だけだからである。

数学的分析を最も簡単〔な現象〕に適用する場合でさえ、抽象的状態を具体的状態にできるだけ近づけようとすれば、その実施にいかに困難が伴うか、そして現象が複雑になるにつれてその困難がいかに増えていくかを考えてみよ。そうすれば、先に原則として認めた適用の限界が狭すぎるどころかむしろ広すぎるとさえ感じられるであろう。

社会科学を実証的にするために、それを数学の応用として扱おうとする主たる動機は、真の正確性は数学にしかないという形而上学的偏見にある〔たとえばデカルトの普遍数学〕。このような偏見は、実証的なものはすべて応用数学の分野にしか存在せず、したがってそこに含まれないものはすべて曖昧で憶測的にとどまると考えられた時代にあっては、当たり前であった。しかし、数学がなんの役割も果たしていないのに、それでもその他科学と同様の確かさが認められている二大実証科学、つまり化学と特に生理学が形成されて以降は、こうした偏見はまったく許されるものではないであろう。

天文学や光学やその他科学が実証的な正確科学であるのは、決して数学的な分析が適用されたからではない。この性格はこれらの科学自体に起因しており、それらが観察された事実に基礎を置いているからである。むしろこの性格の要因はそこにしかないと言ってよく、というのも、数学的分析は自然の観察から離れれば形而上学的な性格しか持たないからである。ただし当然のことだが、数学の適用できない科学においては、厳密な直接観察をそれだけ常に心掛けるようにしなければならない。推論の手筈はずっと落ちるので、演繹を決して同じように拡張できないのは確かだからである。この点を除けば、適切な限界にとどまっている限り、その確実性のレベルはまったく同じである。確かに、整合性は多少劣るかもしれないが、科学を応用する際に実際に求められる要求を満たすにはそれで十分なのである。

できもしない改善を空想的に追い求めることは、多くの知的諸力を浪費して、実証的成果の期待できるその本来の方針から学者の努力を逸脱させ、結果的に人間精神の進歩を確実に遅らせることにしかならないだろう。社会物理学に数学的分析を適用しようとする過去および将来の計画に対して、私が抱いている最終的判断とは以上の通りである。

第二の試み〔全体としては第四の試み〕は、その性質の点で第一の試みよりもはるかに誤りは少ないが、同じく実行不可能なものである。すなわち、社会科学をもっぱら単なる生理学の直接的結果に還元することで、社会科学の実証化を目指そうとする試みがそれである。この着想にいたったのがカバニスであり、それを推進したのも主として彼であった。その有名な著作『人間心身関係論』(19)で展開された一般理論を単に批判的なものではなく、建設的なものだと考える人々からみれば、この着想こそこの著作の真の哲学的目的をなしているとされる。

実証政治学の精神について本章で展開してきた考察によれば、第一の試みと同じくこの試みも、やはり構想の点で誤っていることが証明される。だがとりあえずここでは、その誤りを正確に指摘することにしよう。

その誤りとは、過去の社会の直接的観察が実証政治学の根本的基礎となるべきであるのに、このような実施方法ではそれがまったく活かされていない点にある。

動物に対する人間の優位は、その組織が可能性においても実際においても比較的完成されていること以外に原因はない。だから、人類が実行してきたことと実行可能なことはすべて結局のところ、その結果の点では外界から修正を受けてはいるが、明らかに人体組織《オルガニザシオン・ユメンヌ》の必然的帰結であると考えなければならない。この意味において、社会物理学、つまり人類の集団的発展の研究は文字通り生理学の一部門、すなわち非常に広い視点から人間を扱った研究の一部門である。言い換えるなら、文明史とは人間の博物誌の延長にして不可欠な補遺にほかならないのである。

確かに、〔人間と動物の〕この疑いない系譜関係をよく熟慮し、決して見失ってはならないことが重要である。しかしだからと言って、社会物理学といわゆる生理学の間に明確な区別を設ける必要はないなどと結論づけるのもまた誤解である。

たとえば、生理学者がビーバーのような社会性を備えた動物の博物誌を研究する場合、群れが行う集団的活動の歴史もその研究に含めるのは正しい。彼らは、その動物種の社会現象の研究と個体にまつわる現象の研究に境界線を引く必要があるとは考えない。確かにこの二種類の現象ははっきり異なっているが、この事例の場合、こうした厳密さがなくても実際上の不都合は一切ない。なぜなら、最も知的な社会的動物種の文明でも、主としてその組織が未熟であり、副次的には人類のほうが優越しているために、文明の発端のあたりでほぼ停滞しているせいで、〔文明間の歴史的〕連鎖関係がそれほど隔たっていない限り、集団的現象をすべて個人的現象に直に結びつけることになんの精神的困難もないからである。したがって、研究の便を図るために区別を設ける一般的な理由——つまり人間の知性にとってあまりに広範な演繹の連鎖は辿りきれないということ——は、この場合まったく存在しないのである。

これに対して、ビーバー種がもっと賢くなり、その文明が自由に発達した結果として、世代間に一貫した進歩の連鎖が起こったと仮定してみよう。そうすれば、ただちにこの種の社会現象の歴史を個別に論じる必要性を感じるだろう。最初の数世代についてなら、こうした社会現象の研究を個人的現象の研究に結びつけることもまだ可能であろう。しかし、文明の端緒から離れるにつれて、この手の演繹は徐々に難しくなり、ついにはそれを全面的に受けつけなくなるだろう。まさにこの困難が最大限に生じているのが人間の場合なのである。

なるほど、個人的現象と同様、人類の集合的現象も人体組織の特殊な性質がその究極原因であると認められている。しかし、各世代における人間の文明状態は、直接的にその前の世代の状態にどこまでも左右され、逆にその次の世代の状態は現在の状態からしか生まれない。〔文明連鎖の」各項目をひたすら前後の項目と直接結びつけることによって、その端緒からこのような連鎖関係を十分正確に辿ることは可能である。これに対して、中間項目をすべて捨象して、この系列の任意の項目をいきなり最初の出発点と結びつけようとするのは明らかに人間精神の能力を超えていよう。

以上が種の研究における無謀な試みである。個体の研究でそれに対応する企てがあるとすれば、それは、生涯にわたるさまざまな現象は幼年期の個体組織の結果であり、その必然的展開にほかならないと考えて、個体の誕生時の状態を極めて正確に決定したのちに人生のある時期の出来事をそこから導き出そうと努め、こうすれば成長全体を正確に知るためにさまざまな時期を直接検討するには及ばないと信じ込むような生理学者の試みであろう。ただ、このような誤謬は、個体の研究の場合よりも種の研究のほうがずっと大きい。というのも、種の研究の場合、整合化すべき一連の各項目が個体の研究よりもはるかに複雑であり、数も多いからである。

このような通行不能のルートを採ることにこだわると、文明史を満足に研究できなくなるばかりか、間違いなく重大な誤りを犯すことになるだろう。なぜなら、文明のさまざまな状態を人間の特性から生まれた原初の一般的出発点と直接に関連づけることがまったくできないのがわかると、今度は人々は、組織の基本法則から遠く隔たった結果にすぎないものを、二義的な有機的環境に直接関連づける方向に向かうからである。

そういうわけでたとえば、何人もの権威ある生理学者たちは、政治現象を説明する際に国民性というものに対して明らかに過大な評価を下すことになってしまった。国民間の違いはほとんどの場合、単に文明の時期の違いに由来するのに、彼らはそれを国民性の違いからくると考えてしまったのである。その結果、まったく一時的にすぎないものが不変的なものとみなされるというまったく困った事態に陥った。事例に枚挙の暇がないこうした混乱は、方法論上のもともとの同じ誤りからすべて派生しているのであって、社会現象の研究を通常の生理学的現象の研究と区別する必要があることをはっきりと物語っている。

哲学的な観念にまで到達した幾何学者たちは、有機体から無機体までを含めた宇宙全体の現象が少数の共通・不変の法則に支配されていることを一般論として理解している。この点、生理学者たちのほうは、こうした法則がいつかすべて完全に知られるようになるとしても、演繹をやり続けることは不可能なので、法則の多様性を基準に今日確立されている同様の区別を有機体研究と無機体研究の間にも残しておく必要があると考えているのは、まったく正しい。社会物理学と本来の生理学の間、すなわち種の生理学と個体の生理学の間の区別にも、これと完全に同じ理由がそのまま当てはまる。有機体と無機体の研究区分は主要な区別であるのに対して、社会物理学と本来の生理学の区分は二次的な区別にすぎないので、確かに後者の区別の違いはそれほど大きくはない。しかし、同じレベルではないにせよ、やはりそこでも演繹は不可能なのである。

こうした方法が欠陥だらけであることは、その方法を実証政治学の理論とだけではなく、その当面の実践的目的――すなわち、今日再組織されるべき社会体制の確定――と比較・検討してみれば、すぐに確かめられる。

なるほど、人間本性に最も合致した文明状態は一般的に何であるかを、生理学法則から論証できるかもしれない。しかし、先述の通り、この法則では明らかにこれ以上進むことはできない。このような考えは、それだけではどこまでも単なる思弁にすぎず、実践面ではどんな現実的・実証的成果も手に入れることはできない。なぜなら、それは現在の人類が人間本性に合致した状態からどのくらい離れているのか、そこに達するにはどのようなルートを進むべきなのか、そしてその状態に対応する社会組織の一般的プランは何かについて、なんらの実証的認識も与えてくれないからである。これらを決定することは絶対に必要であり、そのためには当然にも文明史を直接研究するほかないのである。

それなのに、思弁的だが必然的に不完全なこの考え方に実践的な内実を与えようとなおもこだわるなら、たちまち絶対論に陥るのは必至である。もしそうなった場合、科学の現実的適用はそれがなんであれ、憶測的政治学の場合のように時代区分を一切設けない漠然とした不動の改善モデルを作ることがその役割になるに違いないからである。確かに、このモデルの利点を根拠づけている諸条件は、神学的・形而上学的政治学が指針とする諸条件よりも、はるかに実証的なレベルにある。しかし、このような修正を施したところで、この問題に内在する絶対的性格は、それをどの論点から扱うにしても変わることはない。このような扱い方では、それゆえ政治学は決して真に実証的になることはない。

このように、理論面からみても実践面からみても、社会科学を生理学の単なる帰結だと考えるのはいずれにしても誤っているのである。

人体組織の知識と政治科学の間の真の直接的関係は、すでに本章で特徴づけたように、前者が後者にその出発点を提供することにある。

地球環境の影響で克服しがたい障害が人類にのしかかることでもなければ、人類は絶えず進歩する文明を享受できる。その要因を実証的に証明することこそ生理学の主たる役割である。生理学だけが、その文明の真の性格と必然的な一般的進路を描くことができる。またそれだけが、人類最初の集団の形成を明らかにし、人類の幼年期の歴史を言語の創造によって文明が飛躍を遂げる時代まで辿ることができるのである。

社会物理学に対する直接的な生理学的考察の役割はおのずとこの段階で終了する。これ以降、社会物理学は人類進歩の直接観察にのみ依拠して確立されねばならぬからである。もっと先へ進めば、たちまち演繹の困難は格段に大きくなる。というのも、この時代から、文明の進行が突如として加速するため、系列化すべき項目が急激に増えるからである。またこれと並行して、過去の社会を研究する際に生理学が果たすべき役割ももうこの時点で必要なくなる。そうなれば生理学はもはや直接観察の欠落を補うという実用的目的も失うであろう。なぜなら、言語の確立以降は、文明の発展に関する直接のデータが存在し、したがって実証的考察の全体にとって空隙はないからである。

社会物理学に対する生理学の真の役割に関して、その概要を完璧にしたいなら、以上の議論にさらに付け加えるべきことがある。それはすでにコンドルセが看取していたように、種の発展は、ある世代から別の世代へと連鎖する個体の発展の産物にほかならないとすれば、個体の博物誌と共通する一般的特徴を必然的に示すに違いないという点である。この類推によって、個体の研究はなおも種の研究に対していくつかの検討・推論手段を提供できる。この手段はこれまで述べてきた手段とは別物であり、それほど重要でもないが、あらゆる時代に通用するという長所がある。

要約すれば、確かに種の生理学と個体の生理学は疑いなく同じ次元に属する二つの科学、あるいはむしろ一つの科学の明確に異なる二つの部門ではあるが、それでもやはり別々に考え、扱うことがどうしても必要である。種の生理学が真に実証的になるためには、その基礎と出発点を個体の生理学に置かなければならない。だがその後は、種の生理学は社会現象の直接観察に依拠して、個別に研究されなければならないのである。

社会物理学に実証的性格を与える別の手段が見つからない場合、生理学の領域に社会物理学を全面的に組み込もうとしたところで、それも当然であった。しかし、過去の社会の直接的観察に依拠して政治科学を実証的にする可能性が容易に確信できる今日にあっては、この手の誤りに弁解の余地はない。

次に、知的・情感的機能の研究が形而上学の領域から生理学の領域へと移動していった時代にあって、真の生理学の領域を確定する際に起こる拡大解釈を防ぐことや、社会現象の検討を生理学の領域に含めずに済ませることは極めて困難であった。征服の時代は明確な境界の時代ではありえない。だからこの大変革期の立役者の一人であったカバニスが、この点に幻想を抱いたとしても特に責められるべきことではない。しかし、当初の突発的な誘惑ののちに、厳密な分析が可能となり、またそれが求められている今日にあっては、人間精神の弱さからどうしても必要となる区分を看過することは、どのような主張であってももはや許されない。

個体の研究においては、特に精神的と呼ばれる現象をその他の現象と区別して考えるべき現実的な理由はもはやありえない。精神的現象をすべて相互に結びつけたこの変革は、哲学的観点からみて生理学がこれまで成し遂げた最も重要な歩みだと考えるべきなのである。

これに対して、第一級の優れた考察が証明するところによれば、人類の集合的現象の研究と個人的現象の研究という生理学全体を構成するこの二大研究部門は、両者の間にある当然の関係を保ちつつも、絶対に切り離して考えなければならない。この必要不可欠な区別を取り払おうとすれば、有機体の研究は無機体の研究の帰結にして補完物だとみなす誤謬、真の生理学者らが当然にも論破したあの誤謬と、程度こそ低いが、同じ誤りに陥ることになるだろう。

政治学を観察科学の域に引き上げるために今日まで行われてきた主な四つの試みは以上の通りである。それらは全体として、この大事業が必要であり、その機が熟していることを物語っている。政治学に実証的性格を与える手段、したがって文明ヨーロッパの現在の危機を唯一収束できる新しい社会体制の全般的構想を決定する真の手段について、本章の前のほうでわれわれはいくつかの原則を述べてきたが、この四つの試みを個別に検討した結果も、それらの原則の正しさをはっきりと裏づけている。

それゆえ、次の主張は、ア・プリオリにも、ア・ポステリオリにも、現実の論証に基づく証明済みの見解だとみなすことができる。すなわち、この大目的を実現するためには、政治科学というものが、過去の社会の系列化を目的とし、また文明の歩みが今日生み出しつつある体制の決定をその成果とする、人類の集合的発展に関する諸現象の直接観察に裏打ちされた独自の物理学であると考えねばならないということである。

この社会物理学はもちろんその他いかなる観察科学と同じく実証的であり、その固有の正確性もまったく自明である。* 社会物理学が明らかにする法則は、観察された現象全体にとって申し分ないので、適用には全幅の信頼を置くことができる。

* 歴史的事実の正確性に反対して、複数の作家たち、特にヴォルネーが表明したどこまでも誇大な反論を一蹴するために、ここで足止めを食う必要はなかろう。こうした反論に彼らが込めた思想的含意をすべて認めたとしても、文明研究の場合にはある一定の重要性や一般性のある事実だけを考慮すればよいという点にはいささかも影響はないからである。

その上、その他の科学と同じく社会物理学も、生理学との必然的なつながりを別にしても、独自の一般的な検証手段を有している。その手段の基礎にあるのは、全体的に見た人類の現状として、ニュージーランドの野生人からフランス人やイギリス人までの文明の全レベルが地球上の各所で共存しているという事実である。したがって、時間的継起に沿って並べられる連鎖関係は、空間的な比較によって検証することができる。

一見すると、この新科学は単なる観察に特化し、実験の助けをまったく欠いているように見えるが、だからと言って天文学の前例があるように、この科学の実証化の妨げにはならない。他方、生理学の場合、動物実験のほかに、病気の症例[20]が事実上、直接の人体実験の代わりとなっている。というのも、病は現象の平常の秩序を乱すからである。また、いろいろな政治計画によって程度の差はあれ、文明の発展が妨げられそうになった時代は何度もあったが、そうした混乱期は、症例と同じ理由から、社会物理学に真の実験を提供しているようにみなすべきなのである。しかもこの実験は、人類の集合的進歩を司る自然法則の解明や確証にとって単なる観察以上に好都合なのである。

私の期待するように、本章で展開してきた考察から学者たちが上記で示した精神に則って実証政治学を確立することの重要性と可能性を感じてくれるなら、その時はまた、この第一系列の研究の実施方法に関する自分の見解をさらに詳細に論じることにしたい。ここでは最後に、この研究を二種類――一般的な研究と個別的な研究――に区別する必要がある点を指摘しておくのがよいであろう。

一般的な研究の目的は、その文明の速度を左右する原因をすべて無視し、したがって各国民ごとに観察される多様性の幅がいかに大きくてもすべて捨象して、人類の一般的進行を定めることにある。次に個別的な研究の役割は、このような修正要因の影響を見積もって、各国民ごとに自国の発展レベルに見合った独自の位置が配置された決定的な見取図を作成することにある。

もっとも、どちらの研究も――とりわけ後者の研究がそうだが――、それを実行に移すとなると、数次にわたる一般化を被ることになる。ただ、その必要があることはおそらく学者たちも感じてくれるだろう。

個別的な研究に先立って一般的な研究を扱わねばならないのは、一般法則を確立した後でなければ特異体質は研究すべきではないという原則、個体の生理学だけでなく種の生理学にも当てはまるこの自明の原則に基づいている。この原則を破るなら、いかなる明瞭な観念の獲得もきっぱり断念するほかはない。

このように一般的研究に着手できるのも、全体的な整合化作業にすぐに取り組めるほど豊富な数の個別的事実が今日十分に解明されているおかげである。生理学者たちは、人体組織の全体的観念を作り上げるのに、その個別的機能がすべて解明されるまでじっと待っていたわけではなかった。社会物理学の場合も事情は同じはずである[21]。

以上の考察をもっと明確に言えば、それは政治科学を形成する際に一般から特殊へと手順を踏まなければならないことを物語っている。では、この教えを早速検討してみよう。そうすればその正しさがすぐにわかるだろう。

自然現象を支配する諸法則を探究する際に人間精神が採る方針は、われわれの問題関心から言えば、それが無機体の物理学を研究するのか、有機体の物理学を研究するのかに応じて、かなりの違いを見せる。

まず無機体の物理学の場合を見てみよう。人間はからずも無限に連なる諸現象のごくわずかな一部をなしているにすぎず、その全貌の把握などよほどの買いかぶりでもない限り到底望みようがない。したがって人間はそうした現象を実証的な精神で研究しようとするなら、まずは最も特殊な事実を考察し、次いでいくつかの一般的法則の発見へと段階的に上昇していかざるをえない。この一般的法則がのちほどその研究の起点となるのである。これに対して、有機体の物理学の場合、人間自身が現象全体の最も完璧なモデルであるので、その実証的な発見は最も一般的な事実から必然的に開始される[22]。次いで、この一般的事実がある種の具体的細目――それを厳密に把握することはその性質上永遠に叶わないのだが――の研究の啓発に欠かせない知見を人間にもたらしてくれるのである。要するに無機体と有機体のどちらの研究も、人間精神は既知のものから未知のものへと手順を踏む。ただし前者の場合、人間精神にとって細目の認識は総体の認識よりもずっと直接的だから、人間精神はまずは特殊なものから一般的なものへと昇っていく。これに対して、後者の場合、人間精神は部分よりも全体のほうをすぐにまず認識するから、最初は一般的なものから特殊なものへと降りていく。哲学的観点から言えば、この二つの科学のそれぞれの完成とは、なによりも互いの研究方法を採用できる状態になることにあるとはいえ、相手の方法が自分の本来の方法以上に適したものになることは決してない。

以上、実証哲学の最も高度な観点からこの法則を検討したので、今度は、自然諸科学が神学的ないし形而上学的性格をそれぞれ最終的に放棄した時代から今日までのその発展の歩み(23)を観察することによって、この法則の正しさを容易に確かめることができる。

実際、無機体の研究をその主たる区分からまず検討してみると、天文学、物理学、化学は互いにまったくバラバラの状態から出発し、その後、徐々に多くの点で相互に関係を結んできたことがわかる。それどころか今日では、ついにこれら諸科学のうちに単一の学問体系を作り上げようとする傾向がはっきり見て取れるほどである。同様に、これらの諸科学を一つひとつ検討してみても、それらがまずはバラバラな事実の研究から誕生し、いまでは周知の一般性へと次第に到達したことがわかる。人間精神が現在まで基本的な点でこれと反対の進路を採る可能性があったのは、天文学および地球物理学のいくつかの部門だけである。しかも万有引力の法則が天文学の基本的進路にもたらした変化は、われわれ人間にとっては比較的重大であったが、天文学的現象全体にとっては実は二義的なものでしかなかったとさえ言える。なぜなら万有引力の法則は、われわれにとってまったく未知のさまざまな太陽系の諸関係にみられる最も一般的な天文学的事実にまでは、いまだ適用されていないし、おそらく今後も無理だろうからである。無機物理学の最も完全な部門〔天文学〕を対象とした以上の考察は、私の提案している原理の明白な証明となっている。

次に、この原理のうち生物の研究にかかわる部門を検討してみても、同じようにこの原理の正しさをはっきりと裏づけてくれる。第一に、一個の有機体を構成している諸機能の全般的なつながりは、各器官の部分的な作用よりも今日では当然にもよく知られている。また同様に、もっと広い観点から、動物であれ植物であれ、さまざまな有機体間に存在する一般的諸関係の研究も、個々の有機体の研究よりも確かに進んでいる。第二に、今日有機物理学を構成している主たる各部門は当初は混ざり合っていたが、生体を検討する際に依拠すべきさまざまな一般的観点を正確に分析して、ようやくこの観点の相違に応じて合理的な学問的区別を設けられるようになったのは、ひとえに実証生理学の進歩のおかげである。この考察の正しさは、この有機体の物理学が真に実証的となって間もないがゆえに、その主要部門の区別がまだはっきりとは確定してないという事実にすら現れている。学問から学者に話を移せば、この事実は一段とはっきりする。というのも、有機体の物理学に従事する学者たちは、無機体の研究に従事する学者ほどにはその研究分野が細分化されていないからである。

それゆえ、人間精神はもっぱら無機物理学の場合は特殊なものから一般的なものへ、逆に有機物理学の場合は、一般的なものから特殊なものへと歩みを進めることが観察と推論から証明されたとみなすことができる。少なくとも、学問が実証的な性格を帯び始めた時代からその進歩がずっとこの歩みに従ってきたのは疑いない。

なぜこの法則の後者の歩みが現在まで誤解されてきたのか、つまり研究の順序として、なぜ人間精神は常に特殊なものから一般的なものへと進むと信じられてきたのかと言えば、次のように考えればこの誤りは自然と説明がつく。すなわち、無機体の物理学のほうが初めに発展したので、どうしても実証哲学の最初の公準はこの物理学固有の歩みに観察の基礎を置かざるをえなかったからである。だがこの二種類の自然科学を哲学的観察の対象とすることが可能となった今日では、このような誤りを放置し続けることは許されない。

今述べた原理を生理学の一部門にほかならぬ社会物理学に適用すれば、人類発展を研究する際に、まずは最も一般的な諸事実の整合化から開始して、次に徐々にもっと精確な連鎖関係へと進んでいかなければならないことがはっきりとわかる。だがこの重要な論点にいかなる疑念も残さないために、直接この原理を個別に検討しておくのがよいであろう。

今日まで著されてきた歴史書は最も著名なものをすべて含め、本質的には年代記的性格しか持たなかったし、また必然的にそうならざるをえなかった。つまり、歴史的に多少とも重要で確実ではあれ、互いに何の脈絡もないある一連の個別的事実の年代ごとの記述であり、配列にすぎなかったのである。確かに、政治現象の整合化や系列化に関する考察は、特にここ半世紀ばかりの間にまったくなかったわけではない。だが、この玉石混交の考察では、相変わらず文学的であったこの種の著作の性格を少しも作り直せなかったのは明白である。[*] 現在まで、科学的精神で検討された真の歴史学 *histoire* は決して存在しなかった。つまり、人類の社会的発展を支配する法則の探究を目的とした歴史学は存在しなかったのであり、まさに本章で検討してきた第一系列の研究対象がこれだったのである。

* ここで重要なのはどこまでも事実を確定することであって、判断することではない。もちろんかくいう私も、この種の著作が予備作業として有益であり、必ず必要であるとさえ強く確信している。年代記なしで歴史が作れると私が考えているなどと疑わないでいただきたい。しかし、気象観測の寄せ集めが物理学ではないように、年代記が歴史学ではないこともやはり確かなのである。

以上の区別をもってすれば、いままでなぜ特殊なものから一般的なものへと歴史的に進んでいくべきだと広く信じられてきたのか、逆に今日ではなぜ一般的なものから特殊なものへと進まなければ何の成果も得られないのかを十分に説明することができよう。

なぜなら、人類の全般的な年代記を正確に作り上げることだけが問題であれば、当然にも各国民の年代記を作るところからまずは開始しなければならないが、そうなればひたすら地方や都市の編年史、さらには単なる個人の伝記にさえ依拠せざるをえなくなるからである。同様に見方を変えて、人口のある一部分の完璧な年代記を作る場合でも、この住民を考察する際のそれぞれの視点ごとに異なる個別の史料集を集めることがやはり欠かせない。そういうわけで、政治科学の材料となる一般的事実、あるいはむしろその政治計画の対象となるこの一般的事実を構築するための手続きがどうしても必要なのである。だが学問の実質的な構築、すなわち諸現象の連鎖関係の研究に達するや、すぐにこれとは反対の方法が必要となる。

実際、あらゆる種類の社会現象はその現象の性質からしても、同時並行的にしかも互いに影響を及ぼしながら展開していくため、全体的な進展をあらかじめ幅広く見定めておかないと、どのような現象であれその進路を説明することは絶対に不可能である。

たとえば、今日ではヨーロッパ諸国間の相互活動はあまりに大きく、各国の歴史を本当に区別することができないことは誰しも認めている。ところで、単一の社会内に観察されるさまざまな種類の政治的事実に関しても、やはり同じように区別は明らかに不可能である。ある学問ないし技術の進歩は、その他の学問や技術の進歩と明らかに関係していないだろうか？　自然研究の向上と自然への働きかけの改善は互いに関連していないだろうか？　どちらの改善も社会組織の状態と密接に関係していないだろうか？　逆に社会組織の状態もこれらの改善と関係していないだろうか？　それゆえ、社会組織の最も単純な分野の個別的発展に関する現実法則を正確に理解しようとすれば、その他の分野のすべてについても同様の正確性を同時に手に入れることが絶対に必要となるだろうが、これは明らかに常軌を逸している。

むしろこれとは反対に、人類の発展現象をその最高の一般性から考えることをまずは目指すべきである。つまり、さまざまな主要な方面で人類が段階的に成し遂げてきた最も重要な進歩を観察し、相互に関連づけることを心掛けねばならないのである。そのあとで、観察の間隔と観察すべき現象の種類を徐々に細分化して、この見取図を一段と正確なものに仕上げていくべきであろう。実践面でも同様に、将来の社会像は、最初に過去の社会を研究した結果からまず一般的に決定されてから、それ以前の人類の歩みに関する知識が一段と拡大するにつれて徐々に詳細なものとなっていくはずである。おそらく決してやってこないだろうが、もし学問に最終的な完成があるとすれば、それは理論面では、社会組織の全体にとっても、各学問・各技術・政体の各部門にとっても、世代間の進歩の系譜をその発端から正確に把握することにある。他方、実践面では、文明の自然の歩みから必然的に支配的となる体制を、その重要な細部に至るまですべてしっかりと確定することにある。

社会物理学がその性質上、厳に要求する方法とは以上の通りである。

訳注

序文

（1）この序文は、コント自身も述べているように、晩年の著作である『実証政治学体系』第四巻（一八五四年）の末尾に付録として初期の六論文を再録した際に書かれた。

（2）コントは晩年になって、『実証政治学体系』との連続性を示すためとして『実証哲学講義』（一八三〇－一八四二年）を『実証哲学体系』と呼ぶようになった。

（3）Saint-Simon, *L'Industrie*, *t.3*, *Deuxième Cahier*, in *Œuvres complètes de Henri Saint-Simon*, Pierre Musso, Juliette Grange et Philippe Régnier (Ed.), P.U.F, 2012, t.2, p.1548. 正確には次のように言われている。「絶対的意味で善いものとか悪いものはまったく存在しない。すべては相対的である。これが唯一の絶対的なものである。社会制度にかかわることについて言えば、とりわけ一切は時代に相対的である」。

（4）Auguste Comte, « Opinion sur le projet de loi relatif à la presse pour M. Casimir Périer », décembre 1817, in *Écrits de jeunesse d'Auguste Comte, 1816-1828*, Paulo E. de Berrêdo Carneiro et Pierre Arnaud (Ed.), Mouton, 1970, pp.433-436. これは、雑誌『産業』の財政的支援者で、当時新たな反政府的自由主義政党を組織していたカジミール・ペリエのためにコントが執筆した演説文。

（5）サン＝シモンの協力者だった時代の一八二二年五月に『産業体制論』第三部第二分冊（森博訳『サン＝シモン著作集』第四巻では『社会契約論』として別論文の扱い）のために書かれた最初のタイトルは次。*Prospectus des travaux scientifiques nécessaires pour réorganiser la société*（「社会再組織に必要な科学的研究の趣意書」）。結局、この分冊は刊行されず、抜き刷り百部が頒布されただけだった。一八二四年四月の『産業者の教理問答』第三分冊にこの論文が再録された時に、コントはタイトルの「趣意書」Prospectus の言葉を「プラン」Plan に変更し、晩年の大著と同名の *Système de Politique Positive*（「実証政治学体系」）という大見出しを冠した作品の第一巻第一部としてこの論文を発表し、千百部の抜き刷り（コントが百部、サン＝シモンが千部の取り分）を頒布した。なお、旧版『サン＝シモン、アンファンタン著作集』第二三巻の「書誌」が、コントの最初の論文のタイトルを「社会再組織に必要な研究の趣意書」とし、〝科学的〟を落としたことが災いし、二四年の論文で初めて〝科学的研究〟というタイトルになったと信じられてきた。この誤りについては、森博がすでに指摘している（前掲訳書、第四巻、四八三頁）。

（6）ラムネ（一七八二―一八五四）は七月王政（一八三〇年）以降、教育の国家的独占に抗するために『未来』誌上で公然と信仰の自由を唱え始めるが、コントにはこれがラムネの自由主義派への転向に映った。

（7）一八二六年四月からコントは自宅に学者を集めて実証哲学講義を開講するが、知的疲労や妻の出奔などが重なり、精神的発作のために講義はたった二回で中断された。年末に病院から退院したのちも、翌年四月にセーヌ川に身を投げて自殺未遂事件まで起こすが、一八二八年から徐々に仕事を再開し、講義も翌年一月から再開された。

一般近代史概論

（1）新版『サン＝シモン全集』に収録されている『組織者』のテキスト（以下、S版と呼ぶ）では、この個所は「ヨーロッパにおける多神教の根絶」となっている（Saint-Simon, *L'Organisateur*, in *Œuvres complètes de Henri Saint-Simon*, Pierre Musso, Juliette Grange et Philippe Régnier (Ed.), P.U.F, 2012, t.3, p.2151）。

（2）自由都市 Communes＝十一―十二世紀にかけてフランスで生まれた政治的独立を持つ都市のこと。比較的裕福な商人を中心に市政が行われた。本文ではそこで活動する市民もこの言葉で表わされているので、文脈に応じて「平民《コミューン》」と訳し分けた。なお、この論文で展開されるコミューンの歴史的分析を、マルクス『共産党宣言』第一章の階級闘争史の分析と比較・検討したクレメール＝マリエッティは、マルクスとエンゲルスが当時サン＝シモン名で出されたこの論文のコントの見解におそらく従ったと述べている（Cf. A. Kremer-Marietti, *Le concept de science positive*, Klincksieck, 1983, p.131）。

（3）S版では、この文の冒頭に「わが親愛なる同胞諸君、」という呼びかけの言葉が入る（Saint-Simon, *ibid.*, p.2152）。以下、S版では同じ言葉が何度か入るが、コントのテキストではすべて省略されている。
（4）S版の編者によれば、この「能力」capacitéという概念は、一八三〇年以降、ギゾーらによって学者や医者などの納税有権者をあらわす政治用語として流通するようになるが、この一文はその最初期の用法の一つである。以下、編者の注を参考に立てた訳注には文末に（S）を付す。
（5）S版ではここに「この分冊の末尾に置かれる第二抜粋で私が詳しく説明するように」の一文が入る（*ibid.*, p.2154）。
（6）S版ではここに「互いの人間に対して」の一文が入る（*ibid.*, p.2154）。
（7）S版ではこのあとに次の一文が入る。「それが平民の流儀だったのだ」（*ibid.*, p.2159）。
（8）S版では「実証科学的能力」（*ibid.*, p.2160）。
（9）S版ではここに次の原注が入る。「私の親戚にあたるサン＝シモン公爵の『回想録』が今日もなお人々の間で大きな評判を呼んでいるのは、当時彼だけが古来の封建的気骨を持ち続けた、真の独立をみせた唯一の貴族だったからである」（*ibid.*, p.2163）。
（10）S版では「宗教的権威」（*ibid.*, p.2165）。
（11）S版では「実証科学的能力」（*ibid.*, p.2165）。
（12）S版ではここに次の一文が入る。「――（極めて真剣な議題にあって冗談めかした表現を用いることが許されるのであれば）資産の帳尻と呼びうるもの」（*ibid.*, p.2166）。
（13）S版ではこの段落に続いて、第二系列の内容を予告する二段落に及ぶ「追記」が配置されている（*ibid.*, p.2166-67）。これをもって第八書簡が終わる。
（14）S版では、この第二系列の前段に「第九書簡」のタイトルと前書きが置かれている（*ibid.*, p.2167）。
（15）人間を世界法則の無意識的担い手とするこのような歴史哲学の説明は、ド・メストルが『フランスについての考察』（一七九七年）で展開した「摂理」論を彷彿とさせる（S）。
（16）S版では「連中」の代わりに、「カール十二世、ナポレオン、その他同類の英雄と言われる狂人たち」（*ibid.*, p.2175）。

（17）S版では「動物的生活ないし知性の観点だけでなく、有機的生活ないし情念の面でも」（*ibid.*, p.2165）。

（18）人間組織 organisation humaine ＝サン＝シモン『人間科学に関する覚書』第一分冊（一八一三年）を参照。彼によれば知性の発達は身体組織の発達と比例関係にあり、サルよりも身体の複雑に発達したビーバーのほうが知的であるとした（S）。この主張はコントの著作にもみられる。人間と動物の知的相違が組織の発達の度合いにあるとすれば、知性に基づく文明の進展も人間の組織に拘束される（本書二一二－一三頁参照）。

（19）航海条令＝自国の海運保護と貿易の伸長のために一六五一年にイングランドで制定された法律。貿易船を自国船または産出国の船舶に限定する保護貿易政策をとることで、海運業を奨励し、戦時でも多くの船舶の確保を可能とした。

（20）科学アカデミー＝フランスの科学研究の奨励と保護を目的にコルベールの進言を受けたルイ十四世が一六六六年に創設した史上初の科学者団体。最初の会員には天文学者、解剖学者、植物学者、化学者、幾何学者、技師、医師、物理学者らが選ばれた。革命以降はフランス学士院の部会の一つとなっている。

（21）S版では「手工業者《アルチザン》」（*ibid.*, p.2192）。

（22）S版では、この段落の後に芸術家の想像力とその社会的役割について述べられて、第九書簡が閉じられる。

社会再組織のための科学的研究プラン

（1）ここから段落末尾までの文章は一八二二年の初版には存在せず、『産業者の教理問答』（一八二四年）の版（以下、二四年版）から加筆されている。本論文の異本については、「全体の序文」の訳注（5）を参照。

（2）ローマ教会や神聖同盟諸国は、オスマン帝国からの解放を目指したギリシア独立戦争（一八二一年）を単なる「反乱」とみなし、支援の手を差し伸べなかった。コントによれば、これはキリスト教の教義や精神的紐帯がもはや機能していない事実を例証している。

（3）初版と二四年版ではここに次の原注が入る。「この影響力に関する議論は本論では簡単な素描にとどまらざるをえない。今後刊行される個別の研究でさらに展開するであろう」（Auguste Comte, « Prospectus des travaux scientifiques nécessaires pour réorganiser la société », in *Suite des travaux ayant pour objet de fonder le système industriel. Du Contrat social*, Paris, 1822,p.25）。

（4）この段落含めて以下八つの段落は初版には存在しない。
（5）この段落は初版では次のようになっている。「以上の考察に従えば、活動目的の明確な約款 stipulation こそ、［…］真の連合契約 contrat d'association の最も重要な第一条項 clause である」（*ibid.*, p.44）。
（6）この原注は初版には存在しない。コントはここで、一八二五年と二六年に出される二本の論文のテーマを予告している。
（7）この段落と次の段落は初版には存在しない。
（8）この原注は初版には存在しない。
（9）この原注は初版には存在しない。
（10）結局、この第二系列（教育論）と第三系列（産業論）の計画はコントの存命中には実現されなかった。彼の最終プログラムによれば、人間の思索・心情・活動の領域をすべて論じて実証主義は完成する。『実証政治学体系』第四巻（一八五四年）末尾で予告された各著作のタイトルは次。『実証道徳体系――普遍教育論』（一八五九年）、『実証産業体系――人類活動論』（一八六一年）。
（11）P・アルノーによれば、コントがここで念頭に置いているのは啓蒙主義的な経済学者である。彼は二五年の論文からはっきりと経済学者と一線を画すようになる（*Auguste Comte : Du Pouvoir spirituel*, Pierre Arnaud (Ed.), Paris, 1978, p.156.）。以下、アルノーの注を参考に立てた訳注には文末に（A）を付す。
（12）J・グランジュによれば、この定型句は「人間の支配ではなく物の管理」としばしば述べていたサン＝シモンのそれに近い。ただ、ここでは政治対象や権力形態ではなく、政治状況の客観的「本性」が今後の政治行動の指針となることを示している（*Auguste Comte : Philosophie des sciences*, Juliette Grange(Ed.), Gallimard, 1996, p.452.）。以下、グランジュの注を参考に立てた訳注には文末に（G）を付す。
（13）コントにとって進歩とは歴史の各時代の連続性であり、コンドルセのように切断としてとらえることはできない。この点については、『実証精神論』および『実証哲学講義』第四七講を参照（G）。
（14）それゆえコントにおいて、後代の人々が前科学的と呼ぶものの否定はありえない。宗教表象も形而上学理論も、意図せざる結果として科学的仮説の形成に寄与したものとみなされる（G）。
（15）コント自身も『実証政治学体系』の最終巻を「人類の未来」で締めくくっている（A）。

（16）一八一九年以来、ダランベールと同様にコントは、コンドルセ（遺稿『確率論の基礎』一八〇五年）が提案した道徳的・政治的諸科学への確率論の適用やその後のラプラスやケトレーの仕事に対しても一貫して反対している。彼にとって、人間科学の数学化は二次的な影響しかない（G）。

（17）生命現象の独自性と異質性を唱える生理学者ビシャ（一七七一－一八〇二）の考えは、その他の自然科学の方法の適用を無効にする点で、コントの生物学理解に大きな影響を及ぼした。確かにコントはビシャほど生気論者でなかったが、彼から顕微鏡や数学の軽視も受け継いでいる（G）。コントのビシャ評価は『実証哲学講義』第四〇－四四講を参照。

（18）この問題はのちに『実証哲学講義』第一巻第三講で詳述される（G）。

（19）カバニスはこの書（一八〇二年）で、生理学（生物学）の方法を知的・道徳的現象という新たな研究対象に適用することを提案している。彼によれば、生理学と観念学は人間科学という単一科学の二つの部門をなしている。コントは生物学的方法の政治学への適用を拒否し、政治学固有の新たな方法の構築を目指した。生物学と社会学の関係については、のちに『実証哲学講義』第四巻第四七－四九講で詳述される（G）。

（20）病気を一種の自然実験と考えるこのような原則を、コントはのちに「ブルセの原理」と呼ぶ。彼はこの原理が医療だけでなく社会科学にも妥当すると考えた（G）。この原理に対するコントの詳論は、本コレクションの『科学＝宗教という地平』に収録される「ブルセ「興奮論」の検討」を参照。

（21）初版はここで終わる。以下は二四年版から加筆されている。

（22）この個所は綜合的方法の定義にかかわる。特殊から一般へ進むのではなく、一般から特殊へと進むこの方法は、主に生物学と社会学で用いられ、複雑なものが単純なものを説明する。全体としての社会も、複雑な組織としての人体も、個別の社会的事実や単細胞生物よりも先に検討されなければならない（G）。

（23）二四年版ではここに次の原注が入る。「この条件に留意するのが重要である。というのも神学的ないし形而上学的時代は、各科学それぞれにとって実証的時代の準備期間であって、その時代にこの法則が正確に適用できるなどとは、われわれは考えていないからである」（Auguste Comte, *Système de Politique Positive, t.1, première partie*, Paris, 1824, p.182）。

解説　社会学とコント

市野川　容孝

『実証哲学講義』の第四巻（一八三九年、第四七講）で、自分の考える社会学に基礎を与えた人物の一人としてコンドルセを讃えつつ、オーギュスト・コントは彼を「幸薄かった」人と評している。

一七九四年に獄死したコンドルセのことを思えば、確かにそのとおりだが、他方で、そう言うコント自身も幸薄い人だと思う。その生涯がさほど恵まれていなかったという意味でもそうだが、私が一番、不幸に思うのは、コントこそ「社会学（sociologie）」という言葉と学問をつくった人であるにもかかわらず、今日の社会学者でコントの著作を読み、彼の言ったことを真面目にふりかえる人などほとんどいないことである。

社会学概論や社会学史に相当する講義ではたいてい、コントの名前が一応、儀礼的にあげられ、神学から形而上学を経て実証主義へという三段階の法則や、軍事（征服）から産業（生産）へという図式が短く紹介されるものの、その後は嘲笑まじりに「今の社会学はコントの考えたそれとは違います」とか、場合によっては「全く関係ありません」という言葉で片づけられ、話はすぐさまデュルケームやヴェーバーに移っていくだろう。コントは単なる前置きにすぎない。コントの翻訳が今でも乏しい日本においては、なおさらそうだ。

社会学とコントの「と」は、したがって順接ではなく、逆接の意味をもつ。コントが社会学をつくったにもかかわらず、今日の社会学は、コントの忘却や無視の上に成り立っているからだ。それにはもちろん然るべき理由があり、現代社会はコントの社会学ではとらえきれないことに満ちているし、コントが述べたことにも誤りや荒唐無稽なところがないわけではない。社会学はコントを超えて進んできたし、今もそうである。しかし、私は思うのだが、前に進むためにも、社会学を学ぼうという人は、いやその前に、社会学を教える立場にある人は、一度はコントに向き合い、今の社会学のために彼の著作を批判的に読み開くべきではなかろうか。批判的にではあれ、読むということは、単に無視したり、忘れたりすることとは全く違う。

コントの社会学で、第一に重要なのは、それが生物学的思考、コントが「無機的思考」に対置した「有機的思考」の上に成り立っていることである（『実証哲学講義』第三巻、第四五講）。

モンテスキューは「ありとあらゆる存在はその法律《ロワ》をもつ。神はその法律をもち、物質的世界はその法律をもち〔…〕動物はその法律をもち、人間はその法律をもつ」と述べながら（『法の精神』第一編、第一章）、法（律）の概念を、従来の命令としての法から、因果関係一般、すなわち法則へ組みかえた。そうすることで自然科学に並ぶ社会科学の基礎を築いたと高く評価しつつも、コントは、モンテスキューにはまだ「生物学的知見の体系」が組み入れられていないとして、その理論を社会学の成立にとっては「時期尚早」のものと見た（『実証哲学講義』第四巻、第四七講）。コントの考える社会学には、生物学的思考が不可欠なのである。

では、生物学的思考とは、あるいは有機的思考とは何なのか。それは、対象をバラバラに分解するのではなく、個々の要素を互いに不可分《インディヴィジュアル》に結びつける（たいていは目に見えない）力に対する洞察である。生物学の考察対象は個体《インディヴィジュアル》であり、それは物理学が対象とする原子《アトム》とは区別される。原子も個体も語義的にはともに、それ以上、分割できないものを意味するが、原子は物理的にそれ以上、分割できない単位であるのに対して、個体は、その気になれば、まだいくらでも切り刻める。私たち人間の身体がそうだ。しかし、切り刻めば死んでしまうという意味で、個体もまた分割できないもの、正確には分割してはならないものである。相互に異なる諸要素を結びつける力によって支えられ、その力の消滅と同時に非存在になってしまうようなある全体。それが個体であり、したがって、それは生命の別名である。

『実証哲学講義』でコントが社会学について本格的に語り始めるのはその第四巻からだが、その前の第三巻（一八三八年）でコントは生物学と生理学について論じており、中でもフランスの生理学者、X・ビシャに繰り返し言及している。そのビシャは『生と死の生理学研究』（一八〇〇年）で、生命を次のように定義した。「生命とは、死に抵抗する諸機能の集合体《アンサンブル》である」。この簡潔な定義には丁寧に読み解くべきことがいくつも詰め込まれているが、ここでは、生命が「集合体」としてのみ存在すること、対象を「集合体」としてとらえないかぎり、生命は見えないということだけを確認しておこう。コントの社会学は、生物学や生理学で確立されたそのような「有機的思考」――お望みならば「全体論的《ホーリスティック》」思考と言ってもよい――によって人間の社会をまなざすことで初めて成立するのである。

コントの社会学は、神学や形而上学を批判し、実証的な科学の確立を説いた前期の『実証哲学講義』と、それとは正反対に「人類教」を説きながら、宗教に回帰していく後期の『実証政治学体系』(一八五一年以降)の二つに分裂しているとよく言われる。実際、コントの弟子たちも、前期に忠実で、後期のコントと訣別さえしたE・リトレらの雑誌『実証哲学』派と、後期の人類教という構想に忠実だったP・ラフィットらの雑誌『西洋評論』派の二つに分裂した。しかし、コント自身、本書の「全体の序文」で強調しているように、前期と後期はつながっていると見るべきだろう。生物学を基礎に社会学を立ち上げる前期のコントも、利己主義の克服を説き、「人類教」を唱える後期のコントも、右の有機的思考に一貫して忠実であり続けたと言えるからであり、二派に別れた弟子たちもこの点では一致していた。その形が科学か宗教かは、二次的な問題にすぎない。

しかし、有機的思考や全体論的思考は、当然のことながら、代償をともなう。それは全体を個に優越させる傾向をもち、個人を十分には尊重しない。また、全体の調和を目指すあまり、平等という理念を犠牲にして、ヒエラルキー的支配を正当化しもする。コントは、男女の平等を認めなかったし、議会制民主主義や普通選挙にも価値を見出さなかった。R・アロンがコントの社会学にファシズムの芽を見てとったことは（『社会学的思考の流れ・I』、「社会学者と一八四八年の革命」の章）、それゆえ全く正しいと私は思う。

コントの社会学の第二の特徴は、政治経済学、すなわち十八世紀にA・スミスらによって体系化された古典派初期の経済学に対する批判だが、これは右の有機的思考とも深く関係している。

各人がまずは自分の利益だけを考えて、規制のない自由な経済活動をおこなえば、「見えざる手」に導かれ、意図せざる結果として社会全体の富が増大する。社会を個人に分解するこのような考えと、「経済活動の無制限の自由という不毛な章句」を繰り返すだけの政治経済学を、コントは厳しく批判した（『実証哲学講義』第四巻、第四七講）。

コントがこのように述べる直前の一八三一年と三四年に、フランスのリヨンでは、二度にわたる絹職工《カニュ》の大規模な蜂起がおこっている。当時、リヨンの絹織工らは互いに強く団結しながら、高下の激しい相場に抗して、絹織物製品を事業経営者に固定の最低価格で買い取らせる制度を確立していたが、一八三一年に景気が悪化し、絹織物の相場が大きく下落すると、事業経営者たちはそれに合わせて買取価格を大きく下げようとした。絹織工たちは当然、強く反発したが、事業経営者たちは一七九一年のル・シャプリエ法をたてに、固定価格制度の存続という絹織工たちの要求を拒んだ。

フランス革命時に制定されたこのル・シャプリエ法は、結社を禁ずるもので、その背景には、共和国と個々の市民の間には、いかなる中間団体も存在してはならない、そのような団体を認めれば、人びとは互いに異なる諸団体に所属することになり、人びとの同質性、すなわち平等が損なわれてしまう、という考えがあった。ル・シャプリエ法は、特殊利益にとらわれない「一般意志」の創設というルソーの構想に呼応するものだったが、同時に、労働者の組織的連帯やストライキを厳しく禁じながら、経済的自由主義を押し広げるものでもあった。リヨンの絹織工たちの団結とそれに支えられた固定価格買取制度は、ル・シャプリエ法に反するとされ、事業経営者たちはこの法律を厳格に適用することで、経済活動の自由を徹底させようとしたのである。だが、その結果は絹織工たちの困窮であり、彼らは「労働によって生きるか、さもなくば闘って死なん」を合言葉に蜂起を余儀なくされた。二度の蜂起で死亡した絹織工は、数百名に及んだ。

コントの右の政治経済学批判は、同時代のこのような出来事を睨んでなされたものに他ならないが、コントの社会学は、有機的思考に支えられつつ、A・スミスの政治経済学が見えない、あるいは見なくてよいとした全体を、見えるようにすることを目指したとも言えよう。

しかし、コントの政治経済学批判には限界があった。フランスでル・シャプリエ法が完全に撤廃されるのは、一八八四年の職業組合法によってであり、革命後の「社会の再組織化」を唱えつつも、一八五七年に没するコントはそれを中間団体、中でも労働組合を基盤に構想することができなかった。コントが考え得た社会の組織は、せいぜい家族や国家や人類ぐらいである。ヘーゲル流に言うなら、コントの人類教という構想は、実証主義を唱えつつも、然るべき（歴史的）媒介を欠くがゆえに、あまりに直接的（無媒介的）であり、それゆえ抽象的にすぎるのである。

あまり注目されないことだが、ドイツで社会政策に与した経済学者のルヨ・ブレンターノは「コントの信奉者」を自認していた（『イギリス労働組合批判』一八七二年、第五章）。ブレンターノは、コントの社会学のドイツでの継承者と言ってよい。しかし、ブレンターノがコントと大きく異なるのは、資本主義の展開とともに、労働組合がますます重要な意味をもつことを、はっきり認識していた点である。自由競争の原理に抗して、労働者は自らの生存と利益を守るために団結する。それが歴史的必然（歴史法則）であることを、ブレンターノはイギリスを例に実証した。ブレンターノがそのように認識できた背景には、ドイツではフランスに先んじて、一八六九年の営業令によって、労組を含めて結社の自由が広く認められたという事情もあろう。

ブレンターノはさらに、「第四身分」（組織化された労働者）とは異なる「第五身分」（労組からも疎外される労働者）の登場によって、新しい社会問題が到来するだろうと予言した。「予見するために見る」というコントの周知の指針は（『実証的精神論』一八四四年、第一五節）、ブレンターノによって忠実に実践され、ブレンターノのこの予見は、正規、非正規の雇用という分断に直面している現代日本をも射抜いていると言えよう。

一八八四年の職業組合法を受けて、デュルケームが（しかし、組合《サンディカ》ではなく）同業組合《コルポラシオン》を基盤に社会について語り始めるのは、ブレンターノに遅れること二十年以上後の一八九〇年代後半である（『自殺論』一八九七年）。コントとデュルケームの間にはブレンターノがおり、デュルケームがブレンターノをどれだけ意識していたかは定かでないが、少なくとも理論的には、デュルケームの社会学はコントではなく、少なくともコントだけではなく、ブレンターノを継承する形で成立したと言える。

しかし、デュルケームとブレンターノは、次の点で異なっていた。確かにブレンターノは、労働組合という形での連帯を実証したが、ブレンターノがその連帯の基盤にすえたのは「利己心の原理」だった。労働者は自分たちの利益のために団結するのであり、ブレンターノは、この原理を人間理解の中心にすえた点で、A・スミスは正しかったとさえ述べている（『イギリス労働組合批判』第五章）。これに対して、デュルケームが連帯の基盤にすえたのは、利己心ではなく、「愛他主義《アルトゥルイスム》」である（『社会分業論』一八九三年）。その意味でデュルケームは、「人類教」によって利己心の克服を唱えたコントに回帰している。デュルケームの社会学は、愛他主義を無媒介に唱えたコントと、労働組合という媒介を実証したブレンターノを統合したものと解することができる。そして、デュルケームのこの統合は、ブレンターノが予見した、右の第四身分と第五身分の分断という新たな社会問題を考える上で、重要な示唆を与えるものだろう。

政治経済学批判というコントの社会学のモチーフに立ち戻って、付言するならば、それはアメリカのタルコット・パーソンズにも継承されている。

社会を一つの有機体と見る発想や、軍事から産業へという図式だけとれば、イギリスのハーバート・スペンサーはコントと瓜二つだが、コントとは全く対照的に、スペンサーは社会学を、自由放任と自由競争にもとづく十八世紀の政治経済学に回帰させようとした。しかも、ダーウィンの自然選択を「最適者生存」と言いかえ、これを社会学に導入しつつ、である。

パーソンズの『社会的行為の構造』（一九三七年）は、「スペンサーは死んだ」という言葉で始まる（同書、第一章）。そこにはかなり複雑な含意があるものの、パーソンズが、スペンサーの「極端な個人主義」、「個々人が自分の自己利益と私的目標を追求していくことが、万人の欲求最大充足を帰結し、そのための自動的で自己制御的なメカニズムが作動しており、われわれはその恩恵に浴しているという信念」、「自己利益の合理的追求という信念」に、批判的に対峙していることは明らかである。

コントの社会学の第三の、しかし批判的に吟味されるべき特徴は、そこにも抜き難くあるコロニアリズムである。

確かにコントも、また雑誌『西洋評論』に集ったその弟子たちも、当時のフランスのアルジェリアやチュニジアへの植民地主義的侵略、特に軍事的侵略を非難した。それは、軍事（征服）

から産業へという彼らの図式に反することでもあったからだ。

しかしながら、「社会再組織のための科学的研究プラン」にもあるコントの次の言葉に、私たちはコロニアルな思考の典型を見ないわけにはいかないだろう。「その他の科学と同じく、社会物理学〔…〕独自の一般的な検証手段を有している。その手段の基礎にあるのは、全体的に見た人類の現状として、ニュージーランドの野生人からフランス人やイギリス人までの文明の全レベルが地球上の各所で共存しているという事実である。したがって、時間的継起に沿って並べられる連鎖関係は、空間的な比較によって検証することができる」（本書、二二〇－一頁）。

どういうことか。「フランス人やイギリス人」のかつてあった姿は、今の「ニュージーランドの野生人」の中に見てとることができる、とコントは言っているのである。言いかえれば、共時的に存在する文化的差異が、時間的に序列化され、非西洋社会の今が西洋社会の過去として、つまり遅れたものとして表象されている。それと同時に、西洋社会が非西洋社会に対して共時的に結ぶコロニアルで非対称な関係が正当化される。進歩をとげた私たちは過去の私たちと決して同じではないのだから、非西洋社会の人びとを私たちと平等に扱うことはできない、というわけだ。コントは、非西洋社会の軍事的な征服という行為を認めなかったかもしれないが、彼の非西洋社会に関する認識はコロニアリズムそのものだと言わざるをえない。無論、それはひとりコントにのみ見られるものではなく、十九世紀から二十世紀の社会科学的思考全般に広く見られるものである。

二十世紀が終わる時点ですでに自覚されていたことだが、今日の社会学の課題の一つは、こうしたコロニアルな思考から脱却しつつ、コロニアリズムの実像をさまざまな角度から問いなおすことだろう。

コントの社会学は、さまざまな意味で不完全なものだ。そのことは認めなければならない。しかし、コントの社会学は今も批判的に読み開かれるべきものなのであり、その単なる忘却や無視は、むしろ社会学を停滞させることにしかならない。少なくとも私はそう考えている。

（いちのかわ・やすたか　社会学）

白水iクラシックス発刊にあたって

「この現にあるがままの世界が最善のものであるとすれば、さらに幸福な将来を望むことはできない」。

一七五五年十一月一日、巨大な地震が西ヨーロッパを襲いました。とりわけ、当時繁栄を極めたポルトガルの港湾都市リスボンでは、数次にわたる激震と、それに伴う津波と火災で多くの犠牲者を出しました。

冒頭の言葉は、リスボンの被害に衝撃を受けたヴォルテールの所感です。かれの悲痛な叫びによって、この地震の評価は論争の焦点となり、ここに次なる時代を導く新たな萌芽が顕在化してきました。

白水iクラシックスは、哲学・思想の古典をアーカイブしてゆく叢書です。収録される古典はどれも、ある社会の岐路に可能性として萌し、世代を越え時代を越え、思いがけない枝を伸ばしながら実を結び、そして幾たびも蘇ってきた、いわば思惟の結晶といえるものです。

いま「幸福」と「希望」の根源的再考が求められています。〈i＝わたし〉を取り巻く世界を恢復する一助として、この叢書が資することを願っています。

二〇一二年三月十一日　白水社

杉本隆司（すぎもと・たかし）
一九七二年生まれ。一橋大学大学院社会学研究科博士課程修了。博士（社会学）。ナンシー第二大学DEA課程修了。現在、一橋大学大学院社会学研究科特別研究員。主な著訳書に『社会統合と宗教的なもの——十九世紀フランスの経験』（共著）、マチエ『革命宗教の起源』（以上、白水社）があるほか、ド・ブロス『フェティシュ諸神の崇拝』（法政大学出版局）を翻訳して日仏社会学会奨励賞を受賞。

〈白水iクラシックス〉コント・コレクション

ソシオロジーの起源へ

二〇一三年三月一五日印刷
二〇一三年四月　五　日発行

著者　オーギュスト・コント
訳者　©杉本隆司
装丁　緒方修一
発行者　及川直志
発行所　株式会社白水社
電話　〇三-三二九一-七八一一（営業部）七八二一（編集部）
住所　〒一〇一-〇〇五二　東京都千代田区神田小川町三-二四
http://www.hakusuisha.co.jp
振替　〇〇一九〇-五-三三二二八
印刷所　大日本印刷株式会社
製本所　大日本印刷株式会社

ISBN978-4-560-09609-3

革命宗教の起源

アルベール・マチエ
杉本隆司 訳
伊達聖伸 解説

理性の祭典や最高存在の祭典をはじめ異様な「祭り」に興じたフランス大革命。これらの出来事は狂信的なテロルとともに、輝かしい革命の「正史」からの逸脱として片付けていいのか？　［白水ｉクラシックス］

トクヴィルが見たアメリカ　現代デモクラシーの誕生

レオ・ダムロッシュ
永井大輔、髙山裕二 訳

初めての大衆的な大統領ジャクソンの治世、西へと膨張を続ける一方、はやくも人種問題が顕在化して分裂の兆候を示すアメリカ。すべてが極端なこの地で、トクヴィルは何を見たのか？

トクヴィルの憂鬱　フランス・ロマン主義と〈世代〉の誕生

髙山裕二

初めて〈世代〉が誕生するとともに、〈青年論〉が生まれた革命後のフランス。トクヴィルらロマン主義世代に寄り添うことで新しい時代を生きた若者の昂揚と煩悶を浮き彫りにする。　《サントリー学芸賞受賞》